KB190648

셈연구시리즈 **73**

레위기와 함께하는

묵상노트

한국기독교교육교역연구원 편
임창복 집필

단 몇 분만이라도 하나님의 말씀을 고요히 묵상하는 사람은

하나님 안에서 분명해지고, 성경말씀이 자신에게 적용되어 삶으로 배어들게 되므로
날마다 주 안에서 평안과 인내와 기쁨의 삶을 사는 힘을 공급 받을 수 있습니다.

 한국기독교교육교역연구원
Since 2004   www.kcemi.onmam.com

머 리 말

사단법인 한국기독교교육교역연구원은 그동안 페이스북과 본 연구원 홈페이지에 "오늘의 말씀묵상"을 매일같이(주일은 제외) 올리고 있습니다. 이를 모아 현재까지 「누가복음과 함께하는 묵상노트」가 제1권부터 제4권까지, 「요한복음과 함께하는 묵상노트」가 제1권부터 제4권까지, 「창세기와 함께하는 묵상노트」가 제1권부터 제4권까지, 「사도행전과 함께하는 묵상노트」가 제1권부터 제4권까지, 「히브리서와 함께하는 묵상노트」 제1권부터 제2권까지, 「로마서와 함께하는 묵상노트」 제1권부터 제2권까지, 「이사야와 함께하는 묵상노트」 제1권부터 제3권까지, 그리고 이번에는 「마태복음과 함께하는 묵상노트」 제 1권부터 제 2권까지, 그리고 이번에는 「레위기와 함께하는 묵상노트」 제 1권을 출판하게 되었습니다.

본 연구원이 "오늘의 말씀묵상"을 중요시하는 이유는 매일 단 몇 분만이라도 하나님의 말씀을 고요히 묵상하는 사람은 삶의 질서가 하나님 안에서 분명해지고, 또한 '성경말씀'이 날마다 자신에게 적용되어 삶으로 배어들기 때문입니다. 그리하여 묵상자는 주 안에서 평강과 인내와 기쁨의 삶을 사는 힘을 공급받을 수 있게 됩니다.

무엇보다도 먼저 본서가 출판되기까지 함께하신 하나님께 감사를 드립니다. 이 책을 통하여 묵상하는 모든 이들이 성경말씀으로 치유 되고, 도전받고, 구속함을 입어 변화되는 하나님의 역사가 임하시기를 기원하면서 머리말을 맺습니다.

2023년 12월
사단법인 한국기독교교육교역연구원 원장
장로회신학대학교 명예교수 및 셈교회 목사

임 창 복

묵상기도하는 방법

1. 우선 몸의 균형을 잡고 개방적인 상태로 눈을 감은 채, 편안히 앉아 긴장
   완화를 쉽게 하기 위해서 몇 번 깊게 숨을 쉰다.

2. 하나님의 임재를 위한 기도를 드린다. (원하면, 기도 후에 찬송을 부르거
   나 묵상하기 좋은 음악을 듣는다.)

3. 묵상할 주제를 본 다음, 묵상할 말씀을 한 번 전체적으로 면밀히 그리고
   능동적으로 읽는다.

4. 묵상할 말씀을 두 번째 읽으면서, 첫 번째 읽을 때 스쳐 지나간 부분까지
   전체 내용이 마음과 머리에 기억되도록 집중하여 능동적으로 읽는다.

5. '기도 요점'과 '도움의 말'을 한 번 읽고 난 후, 다시 세 번째로 묵상할 말
   씀을 읽어 가면서 특별히 마음과 눈이 머무는 특정 말씀이나 구절 혹은
   성경말씀 이야기 안으로 수동적으로 들어간다. 이때 다른 생각이나 잡념
   과 같은 것은 내려놓는다. 혹은 그것에 붙잡히지 않고 흘러가게 한다.

6. 주님과 대화하면서 묻기도 하고, 주님의 음성을 듣기도 하며, 묵상하는
   말씀들로부터 내면으로 스며드는 느낌이나 혹은 말씀 안의 배경, 인물,
   대화내용 등으로 몰입되면서 묵상자를 치유하고, 도전하고, 그리고 고요
   하게 하는 말씀의 능력에로 몰입되어 들어간다.

7. 자신이 묵상한 말씀과 주님과의 대화의 응답으로 '응답의 기도'를 드리며
   묵상기도로부터 벗어난다.

8. '묵상노트' 하단의 빈 공간에 자신이 '묵상한 내용'과 '응답의 기도'를 기록
   한다.

묵상기도
주제 및 내용

말씀 묵상노트의 목적은 그리스도인들이 말씀 묵상, 기도생활을 통하여 성령의 역사로 하나님의 지속적인 현존에 거하게 하는 데 있다. 다른 말로 표현하면, 이는 순간순간, 날마다, 직장 혹은 가정, 그리고 시장에서도 영원성에 그 중심을 두는 삶, 즉 하나님의 현존 안에 우리의 삶이 거하도록 하는 데 있다. 이와 같이 하여 그리스도인의 성경말씀 묵상 기도의 결실은 성령의 인도하심에 따라 세상에서 하나님과의 깊은 관계 속에서 삶을 살 수 있게 하는데 있다.

1

누구든지 예물을 드리려거든
가축 중에서 소나 양으로 예물을 드릴지라

레위기 1 : 1-2

여호와께서 회막에서 모세를 부르시고 그에게 말씀하여 이르시되 이스라엘 자손에게 말하여 이르라 너희 중에 누구든지 여호와께 예물을 드리려거든 가축 중에서 소나 양으로 예물을 드릴지니라

기도 요점

여호와께서 회막에서 모세를 부르시고 그에게 말씀하여 이르시되 이스라엘 자손에게 말하라 하시는데, 이 말씀이 의미하는 바는? 여호와께서 모세에게 이르시되 너희 중에 누구든지 여호와께 예물을 드리려거든 가축 중에서 소나 양으로 예물을 드릴지니라 하시는데, 이 말씀이 의미하는 바는?

도움의 말

레위기는 여호와와 언약을 맺은 선민인 이스라엘 백성의 거룩과 성결에 대한 말씀이 있습니다. 언약의 하나님이신 여호와께서 회막에서 모세를 부르십니다. 여기서 회막이란 만남의 천막이라는

의미로서 이는 하나님과 언약 백성 간의 만남의 장소입니다. 여호와께서는 이 회막에서 최초로 인간들 사이에 거주하셨고 인간을 만나셨습니다. 회막이라는 말이 성경에서 성막(출 26:9), 증거막(출 38:21), 법막(대하 24:6), 여호와의 전(출 23:19), 여호와의 장막(왕상 2:28)등으로도 표기됩니다. 회막에서 모세를 부르신 여호와께서 그에게 말씀하여 이르십니다. 여기서 구속주 하나님이신 여호와께서 모세에게 하나님의 택함을 받은 백성이 지켜야 할 생명의 법도를 선포하십니다. 이 법도란 하나님의 명령을 전달 받는 대상, 즉 이스라엘 자손에게 너희 중 누구든지 여호와께 예물을 드리려거든 가축 중에서 소나 양으로 예물을 드리라 명하십니다. 예물이란 인간이 하나님께 가까이 나아갈 때 가지고 가서 바치는 제물 혹은 선물을 의미합니다. 이런 의미의 예물을 하나님께 드릴 때 생축 중에서 큰 네 발 가진 소나 양을 드려야 되는데, 그 이유는 생축에게는 피가 있기 때문입니다.

_____

_____

_____

_____

2

그 예물이 소의 번제일 때 행해지는
제사과정과 그 의미는?

레위기 1 : 3-9

그 예물이 소의 번제이면 흠 없는 수컷으로 회막 문에서 여호와 앞에 기쁘게 받으시도록 드릴지니라 그는 번제물의 머리에 안수할지니 그를 위하여 기쁘게 받으심이 되어 그를 위하여 속죄가 될 것이라 그는 여호와 앞에서 그 수송아지를 잡을 것이요 아론의 자손 제사장들은 그 피를 가져다가 회막 문 앞 제단 사방에 뿌릴 것이며 그는 또 그 번제물의 가죽을 벗기고 각을 뜰 것이요 제사장 아론의 자손들은 제단 위에 불을 붙이고 불 위에 나무를 벌여 놓고 아론의 자손 제사장들은 그 뜬 각과 머리와 기름을 제단 위의 불 위에 있는 나무에 벌여 놓을 것이며 그 내장과 정강이를 물로 씻을 것이요 제사장은 그 전부를 제단 위에서 불살라 번제를 드릴지니 이는 화제라 여호와께 향기로운 냄새니라

기도 요점

번제란? 그리고 화제란? 이 둘의 차이는? 하나님께 가까이 나아갈 때 가지고 가 드리는 그 예물이 소의 번제이면 흠 없는 수컷으

로 회막 문에서 여호와 앞에 기쁘게 받으시도록 드리라 명하시는
데, 예물로서 소의 번제 드리는 과정 하나하나와 그 의미들을 찬
찬히 살펴보십시오.

도움의 말

하나님께 가까이 나아갈 때 가지고 가서 여호와께 드리는 그 예물
이 소의 번제이면 흠 없는 수컷으로 회막 문에서 여호와 앞에 기
쁘게 받으시도록 드립니다. 여기서 번제란 희생예물을 불에 태워
그 냄새를 하나님께 피워 올리는 제사로서 그 예물이 소이면 흠
없는 숫컷 입니다. 이 예물은 성막 문 앞 번제 단 위에서 태워 여
호와께서 기쁘게 받으시도록 드립니다. 그 예물을 드리는 사람
이 번제물의 머리에 안수하는데, 이는 그가 안수함으로써 그 제물
과 하나가 됨을 나타낼 뿐만 아니라 동시에 그의 죄를 그 동물에
게 전가시키는 것을 의미하는 행위입니다. 그러므로 그는 직접 피
를 흘리지 않고도 이 행위로 그 제물과 하나가 되었기에 제물의
피 흘림으로 말미암아 그의 죄를 속함 받게 됩니다. 이에 그는 여
호와 앞에서 그 수송아지를 잡습니다. 이것은 그의 속죄를 위하여
여호와께서 계시는 성막 문 앞 번제 단 곁에서 수송아지가 처참하
게 살해되면서 피를 흘리게 하는 행위입니다. 아론의 자손 제사장
들은 그 피를 가져다가 회막 문 앞 번제 단 주위에 뿌리는데, 이는

생명의 죽음을 뜻하는 피를 하나님 앞에 보임으로 예물을 드리는 그 사람의 죄를 속함 받기 위해서입니다(출 12 :13). 그리고 그는 또 그 번제물의 가죽을 벗깁니다. 이같이 희생제물의 가죽을 벗김으로 하나님 앞에서 그 짐승의 형태를 아주 없애 버리는데, 이는 그의 완전한 자기희생을 의미합니다. 그리고 짐승을 잡은 후 뼈마디를 따라(삿 19 :29) 그 고기를 여러 조각으로 자릅니다. 그런 후 제사장 아론의 자손들은 제단 위에 불을 붙이고 불 위에 나무를 벌여 놓고 아론의 자손 제사장들은 그 뜬 각과 머리와 기름, 살과 내장으로부터 떼어낸 희생제물의 지방을 제단 위의 불 위에 있는 나무에 벌여 놓는데, 이것은 희생제물 모두를 다 태워 그 냄새를 여호와께 향기로운 제물로 드리기 위함입니다. 이어 그 내장과 정강이를 물로 씻어 제사장은 그 전부를 제단 위에서 불살라 번제를 드립니다. 이는 화제로서 여호와께 향기로운 냄새 입니다. 이같이 불로 태워드리는 화제는 제사의 종류가 아니라 제사 드리는 방법 입니다.

3

그 예물이 가축 떼의 양이나 염소의 번제일 때

레위기 1 : 10-13

만일 그 예물이 가축 떼의 양이나 염소의 번제이면 흠 없는 수컷으로 드릴지니 그가 제단 북쪽 여호와 앞에서 그것을 잡을 것이요 아론의 자손 제사장들은 그것의 피를 제단 사방에 뿌릴 것이며 그는 그것의 각을 뜨고 그것의 머리와 그것의 기름을 베어낼 것이요 제사장은 그것을 다 제단 위의 불 위에 있는 나무 위에 벌여 놓을 것이며 그 내장과 그 정강이를 물로 씻을 것이요 제사장은 그 전부를 가져다가 제단 위에서 불살라 번제를 드릴지니 이는 화제라 여호와께 향기로운 냄새니라

기도 요점

하나님께 가까이 나아갈 때 만일 가지고 가는 그 예물이 가축 떼의 양이나 염소의 번제이면 흠 없는 수컷으로 드리는데, 여기서 그 예물이 수소의 번제와 달리 양이나 염소의 번제를 드리는 까닭은? 그 예물로서 양이나 염소의 번제를 드리는 과정과 그 의미는?

도움의 말

하나님께 가까이 나아갈 때 만일 가지고 가는 그 예물이 가축 떼의 양이나 염소의 번제이면 흠 없는 수컷으로 드립니다. 예물 드리는 그 사람의 경제사정에 따라 수소에 비해 그 비중이 낮은 숫양과 숫염소를 드려도 하나님께서는 모두 동등하게 받으십니다. 그 예물을 드리는 과정은 우선 이를 가지고 간 그가 번제 단 북쪽 여호와 앞에서 그것을 잡습니다. 그리고 아론의 자손 제사장들은 그것의 피를 제단 사방에 뿌립니다. 이는 수소 때와 마찬가지로 생명의 죽음을 뜻하는 피를 하나님 앞에 보임으로 예물을 드리는 그 사람의 죄를 속함 받기 위합니다(출 12 :13). 또한 예물을 가지고 간 그는 그것의 각을 뜨고 그것의 머리와 그것의 기름을 베어낼 것이며 제사장은 그것을 다 제단 위의 불 위에 있는 나무 위에 벌여 놓고 각 부위를 골고루 남김없이 태워 그 연기와 김을 하나님께 향기로운 제물로 드립니다. 또한 그 내장과 그 정강이를 물로 씻어 제사장은 그 전부를 가져다가 제단 위에서 불살라 번제를 드리는데, 이처럼 가죽 외의 모든 부분이 번제 단 위에서 불태워지는 것이 번제의 특징입니다. 이는 화제라 여호와께 향기로운 냄새입니다. 이는 하나님의 명령에 따라 희생제물을 태우는 백성들의 순종을 하나님께서 기뻐하신다는 말씀이며, 또한 예물 드리는 그의 죄가 속죄되어 하나님과 그의 관계가 평화로운 상태에 있다는 것을 의미합니다.

_____

_____

_____

_____

_____

4

만일 여호와께 드리는 예물이 새의 번제이면

레위기 1 : 14-17

만일 여호와께 드리는 예물이 새의 번제이면 산비둘기나 집비둘기 새끼로 예물을 드릴 것이요 제사장은 그것을 제단으로 가져다가 그것의 머리를 비틀어 끊고 제단 위에서 불사르고 피는 제단 곁에 흘릴 것이며 그것의 모이주머니와 그 더러운 것은 제거하여 제단 동쪽 재 버리는 곳에 던지고 또 그 날개 자리에서 그 몸을 찢되 아주 찢지 말고 제사장이 그것을 제단 위의 불 위에 있는 나무 위에서 불살라 번제를 드릴지니 이는 화제라 여호와께 향기로운 냄새니라

기도 요점

경제사정으로 만일 여호와께 드리는 예물이 새의 번제이면 산비둘기나 집비둘기 새끼로 예물을 드리는데, 새의 번제를 드리는 과정들과 그 의미는?

도움의 말

만일 여호와께 드리는 예물이 새의 번제이면 산비둘기나 집비둘기 새끼로 예물을 드립니다. 이같이 새의 새끼를 번제물로 하나님께서 하신 것은 경제사정으로 소나 양 및 염소를 바칠 수 없는 이들을 위해서입니다. 제사장은 그것을 제단으로 가져다가 그것의 머리를 비틀어 끊어 제단 위에서 불사르고 소, 양, 염소제물과 달리 새는 피가 적으므로 제단 곁에 흘립니다. 다른 희생제물에서 내장과 정강이를 물로 깨끗이 씻는 것처럼 새의 제물은 그것의 모이주머니와 그 더러운 것, 즉 새의 깃털은 제거하여 제단 동쪽 재버리는 곳에 던집니다. 이곳은 번제 단에서 타고 남은 희생제물의 뼈를 긁어모아 처리하는 곳입니다. 이는 또 그 날개 자리에서 그몸을 찢되 아주 찢지 말라 하시는데, 이는 아브라함과의 언약 시에도 그 모든 제물을 가져다가 그 중간을 쪼개고 그 쪼갠 것을 마주 대하여 놓고 산비둘기와 집비둘기 새끼는 쪼개지 아니하였습니다(창 15 : 10). 제사장이 그것을 제단 위의 불 위에 있는 나무 위에서 불살라 번제를 드리는데, 이는 화제로서 여호와께 향기로운 냄새입니다. 그 예물이 소나 양, 염소의 제사와 똑같이 산비둘기와 집비둘기 새끼 제물을 하나님께서 기쁘게 받으십니다.

5

소제의 예물 : 고운가루

레위기 2 : 1-3

누구든지 소제의 예물을 여호와께 드리려거든 고운 가루로 예물을 삼아 그 위에 기름을 붓고 또 그 위에 유향을 놓아 아론의 자손 제사장들에게로 가져갈 것이요 제사장은 그 고운 가루 한 움큼과 기름과 그 모든 유향을 가져다가 기념물로 제단 위에서 불사를지니 이는 화제라 여호와께 향기로운 냄새니라 그 소제물의 남은 것은 아론과 그의 자손에게 돌릴지니 이는 여호와의 화제물 중에 지극히 거룩한 것이니라

기도 요점

누구든지 소제의 예물을 여호와께 드리려거든 고운 가루로 예물을 삼아 그 위에 기름을 붓고 또 그 위에 유향을 놓아 아론의 자손 제사장들에게로 가져가는데, 소제의 예물이 고운 가루가 의미하는 것은? 또한 고운 가루 예물 위에 기름을 붓고 또 그 위에 유황을 놓는 의미는? 제사장은 그 고운 가루 한 움큼과 기름과 그 모든 유향을 가져다가 기념물로 제단 위에서 불사를지니 이는 화제

로서 여호와께 향기로운 냄새인데, 이것이 의미하는 바는?

도움의 말

누구든지 소제의 예물을 여호와께 드리려거든 고운 가루로 예물을 삼으라 하십니다. 소제는 번제와 화목제처럼 제물 드리는 사람이 자신의 형편에 따라 자원하여 곡물로 드리는 제사인데, 두 가지 종류가 있습니다. 하나는 번제나 화목제 등과 같이 피 흘리는 제사들과 더불어 그 일부로서 함께 드려지는 소제입니다. 다른 하나는 백성들이 하나님께 감사와 충성을 표현하기 위하여 독자적으로 드리는 소제인데, 여기서 말하는 소제가 바로 이에 속합니다. 소제의 예물은 다섯인데, 그 첫째가 바로 고운 가루로 예물을 삼아 그 위에 기름을 붓고 또 그 위에 유향을 놓는 것입니다. 여기서 고운 가루는 제물 드리는 사람의 겉모습이 완전히 가루처럼 깨어져 순수한 심령으로 하나님을 섬기는 것을 의미합니다. 그 가루위에 감람나무 열매로부터 짠 올리브기름을 붓고 또 그 위에 유향을 넣어 제물이 향기를 풍기도록 하는데, 이는 예물 드리는 사람의 기도와 모범적인 생활을 상징합니다. 예물을 드리는 사람은 이같이 고운 가루에 기름과 유향을 넣어 이를 아론의 자손 제사장들에게로 가져갑니다. 제사장은 그 고운 가루 한 움큼과 기름과 그모든 유향을 가져다가 기념물로 제단 위에서 불사릅니다. 이는 화제로서 여호와께 향기로운 냄새입니다. 이와 같이 하나님께 불살라 드려진 제물이 하나님 앞에 기쁘게 상달됩니다. 그리고 그 제물의 남은 것은 아론과 그의 자손에게 돌립니다. 제사장들은 이를 회막의 거룩한 곳, 회막 뜰에서 먹습니다(레위기 6 : 16).이는 여호와의 화제물 중에 지극히 거룩한 것입니다.

6

소제에 관한 규례 및 그 제물

레위기 2 : 4-10

네가 화덕에 구운 것으로 소제의 예물을 드리려거든 고운 가루에 기름을 섞어 만든 무교병이나 기름을 바른 무교전병을 드릴 것이요 철판에 부친 것으로 소제의 예물을 드리려거든 고운 가루에 누룩을 넣지 말고 기름을 섞어 조각으로 나누고 그 위에 기름을 부을지니 이는 소제니라 네가 냄비의 것으로 소제를 드리려거든 고운 가루와 기름을 섞어 만들지니라 너는 이것들로 만든 소제물을 여호와께로 가져다가 제사장에게 줄 것이요 제사장은 그것을 제단으로 가져가서 그 소제물 중에서 기념할 것을 가져다가 제단 위에서 불사를지니 이는 화제라 여호와께 향기로운 냄새니라 소제물의 남은 것은 아론과 그의 아들들에게 돌릴지니 이는 여호와의 화제물 중에 지극히 거룩한 것이니라

기도 요점

소제에 관한 규례 및 그 제물을 드리는 과정을 찬찬히 살피면서, 그에 관한 의미를 마음에 새겨 보십시오.

도움의 말

소제의 예물을 드리는 사람이 화덕에 구운 것으로 드리려면 고운 가루에 기름을 섞어 만든 무교병이나 기름을 바른 무교전병을 드립니다. 여기서 화덕은 진흙으로 만든 큰 가마솥을 가리키며, 무교병은 가운데 구멍이 뚫린 누룩 넣지 않은 두껍고 바삭한 떡이며, 무교전병은 무교병보다 얇고 둥글넓적한 과자를 가리킵니다. 무교전병은 철판에 부친 것으로 소제의 예물로 드리려면 고운 가루에 누룩을 넣지 말고 기름을 섞어 보다 정성스럽게 소제를 하나님께 드리기 위하여 조각으로 나누고 그 위에 기름을 붓는데, 이는 소제입니다. 누룩은 성경에서 죄의 신속한 전염성 및 이로 인한 부패를 상징하므로(마 16:6,12; 고전 5:8) 여호와께 드리는 소제 물에 넣지 못합니다. 소제의 예물을 드리려면 고운 가루와 기름을 섞어 만듭니다. 소제예물을 드리는 사람은 이것들로 만든 소제 물을 여호와께로 가져다가 제사장에게 줍니다. 그러면 제사장은 그것을 제단으로 가져가서 그 소제 물중에서 기념할 것을 한 줌을 가져다가 제단 위에서 불사릅니다. 이는 화제로서 여호와께 향기로운 냄새입니다. 화제는 불살라 드리는 제사방법인데, 이는 번제, 소제, 화목제, 속죄제, 속건제 등과 같은 5대 제사 종류는 아닙니다. 화제는 제사 드리는 방법 네 가지 중 하나입니다. 제사 드리는 방법들은 불을 살라 드리는 제사인 화제 외에 제물을 높이

들어서 바치는 제사인 거제, 제물을 위 아래로 흔들어서 드리는
제사인 요제, 포도주, 기름, 피 등을 부어서 드리는 제사인 전제가
있습니다. 소제물의 남은 것은 아론과 그의 아들들에게 돌립니다.
이는 여호와의 화제 물중에 지극히 거룩한 것으로서 제사장들의
양식인데, 그들은 이를 성막 거룩한 곳, 회막 뜰에서 먹습니다.

7

첫 이삭의 소제

레위기 2 : 11-16

너희가 여호와께 드리는 모든 소제물에는 누룩을 넣지 말지니 너희가 누룩이나 꿀을 여호와께 화제로 드려 사르지 못할지니라 처음 익은 것으로는 그것을 여호와께 드릴지나 향기로운 냄새를 위하여는 제단에 올리지 말지며 네 모든 소제물에 소금을 치라 네하나님의 언약의 소금을 네 소제에 빼지 못할지니 네 모든 예물에 소금을 드릴지니라 너는 첫 이삭의 소제를 여호와께 드리거든 첫 이삭을 볶아 찧은 것으로 네 소제를 삼되 그 위에 기름을 붓고 그위에 유향을 더할지니 이는 소제니라 제사장은 찧은 곡식과 기름을 모든 유향과 함께 기념물로 불사를지니 이는 여호와께 드리는 화제니라

기도 요점

처음 익은 것으로 여호와께 드리나 향기로운 냄새를 위하여는 제단에 올리지 말며 네 모든 소제물에 소금을 치라 네 하나님의 언약의 소금을 네 소제에 빼지 못할지니 네 모든 예물에 소금을 드

릴지라 이르시는데, 이 규례가 의미하는 바는? 첫 이삭의 소제를 여호와께 드리거든 첫 이삭을 볶아 찧은 것으로 네 소제를 삼되 그 위에 기름을 붓고 그 위에 유향을 더할지니 이는 소제니라 제사장은 찧은 곡식과 기름을 모든 유향과 함께 기념물로 불사를지니 이는 여호와께 드리는 화제입니다. 소제와 화제의 차이는?

도움의 말

여호와께 드리는 모든 소제 물에는 누룩을 넣지 않습니다. 이는 누룩이나 꿀을 여호와께 화제로 드려 사르지 못하기 때문입니다. 처음 익은 것으로 여호와께 드리지만 향기로운 냄새를 위하여는 제단에 올리지 말라 이르시는데, 이는 제단 위에서 불사를 수 없기 때문입니다. 또 네 모든 소제 물에 소금을 치라 이르시는데, 이는 하나님께서 이스라엘 백성과 맺으신 언약이 진실 되고 불변인 것을 나타내기 위함입니다. 그리하여 그들은 하나님과의 언약을 믿고 바라며 감사와 기쁨으로 살게 하십니다. 그렇기 때문에 하나님의 언약의 소금을 네 소제에 빼지 못할지니 네 모든 예물에 소금을 드리라고 여호와께서 이스라엘에게 명하신 것입니다. 너는 첫 이삭의 소제를 여호와께 드리거든 첫 이삭을 볶아 찧은 것으로 네 소제를 삼되 그 위에 기름을 붓고 그 위에 유향을 더합니다. 이는 백성들이 하나님께 감사와 충성 및 헌신을 표현하기 위하여 독자적으로 드리는 소제인데, 제사장은 찧은 곡식과 기름을 모든 유향과 함께 기념물로 불사릅니다. 이는 여호와께 드리는 화제로서 여호와께 향기로운 냄새입니다. 이 같은 화제는 불살라 드리는 제사방법입니다.

8

화목제의 예물을 소로 드리려면

레위기 3 : 1-5

사람이 만일 화목제의 제물을 예물로 드리되 소로 드리려면 수컷이나 암컷이나 흠 없는 것으로 여호와 앞에 드릴지니 그 예물의 머리에 안수하고 회막 문에서 잡을 것이요 아론의 자손 제사장들은 그 피를 제단 사방에 뿌릴 것이며 그는 또 그 화목제의 제물 중에서 여호와께 화제를 드릴지니 곧 내장에 덮인 기름과 내장에 붙은 모든 기름과 두 콩팥과 그 위의 기름 곧 허리 쪽에 있는 것과 간에 덮인 꺼풀을 콩팥과 함께 떼어낼 것이요 아론의 자손은 그것을 제단 위의 불 위에 있는 나무 위의 번제물 위에서 사를지니 이는 화제라 여호와께 향기로운 냄새니라

기도 요점

하나님과 인간 간의 화해와 교통 및 인간 사이의 상호 친밀한 교제를 도모하는 것이 목적인 화목제의 예물을 드리되 소로 드릴 때 그 규례들 및 그 의미는?

도움의 말

사람이 만일 화목제의 제물을 예물로 드릴 때 가정형편에 따라 수소나 암소, 수양과 암양, 그리고 수 염소나 암 염소를 드립니다. 화목제의 제물들은 모두 흠 없는 것으로 여호와 앞에 드립니다. 화목제는 하나님과 인간 간의 화해와 교통 및 인간 사이의 상호 친밀한 교제를 도모하는데 그 목적이 있습니다. 소로 화목제 제물을 드리려면, 그 제물을 드리는 그가 그 예물의 머리에 안수하는데, 이때 그는 자신의 양손을 양 뿔 사이에 얹고 힘껏 누릅니다. 이러한 행위는 자신과 그 제물의 연합과 더불어 자신의 죄를 그 제물에게 전가하는 것을 의미합니다. 안수 후 성막 안으로 그 제물을 끌고 가 회막 문 앞 번제 단 곁에서 잡습니다. 그리고 그 피를 아론의 자손 제사장들은 제단 사방에 뿌립니다. 이같이 대속과 속죄를 의미하는 피가 제단 사면에 뿌려짐으로 하나님과 인간 사이의 막힌 모든 죄악과 진노의 휘장이 찢어지고 또한 인간과 인간 사이의 모든 담이 허물어집니다. 이와 같이하여 화목제의 목적인 하나님과의 화해와 교통, 그리고 인간 사이의 기쁨의 교제를 누리게 됩니다. 구약시대의 이 같은 화목제물의 피는 신약시대 우리 인간들의 죄를 대신 담당하여 십자가 위에서 피 흘리시는 예수 그리스도의 보혈을 상징합니다. 또 그 화목제의 제물 중에서 여호와께 화제를 드릴 때는 곧 내장에 덮인 기름, 내장에 붙은 모든 기름, 두 콩팥과 그 위의 기름 곧 허리 쪽에 있는 기름, 간에 덮인 꺼풀을 콩팥과 함께 떼어냅니다. 이를 아론의 자손은 제단 위의 불 위에 있는 나무 위의 번제물 위에서 사르는데, 이는 화제로서 여호와께 향기로운 냄새입니다. 여기서 불로 태워 드리는 제사방법 중 하나인 화제란 화목제물의 연기 속에 예물을 드리는 사람의 자발적인 충성과 헌신이 하나님 앞에 상달되어 그 충성된 마음을 하나님께서 기뻐하시며 그 사람의 죄로 인한 모든 진노를 푸신다는 의미가 있습니다.

9

화목제의 예물을 양으로 드리려면

레위기 3 : 6-11

만일 여호와께 예물로 드리는 화목제의 제물이 양이면 수컷이나 암컷이나 흠 없는 것으로 드릴지며 만일 그의 예물로 드리는 것이 어린 양이면 그것을 여호와 앞으로 끌어다가 그 예물의 머리에 안수하고 회막 앞에서 잡을 것이요 아론의 자손은 그 피를 제단 사방에 뿌릴 것이며 그는 그 화목제의 제물 중에서 여호와께 화제를 드릴지니 그 기름 곧 미골에서 벤 기름진 꼬리와 내장에 덮인 기름과 내장에 붙은 모든 기름과 두 콩팥과 그 위의 기름 곧 허리 쪽에 있는 것과 간에 덮인 꺼풀을 콩팥과 함께 떼어낼 것이요 제사장은 그것을 제단 위에서 불사를지니 이는 화제로 여호와께 드리는 음식이니라

기도 요점

여호와께 예물로 드리는 화목제의 제물이 양이면 수컷이나 암컷이나 흠 없는 것으로 드리는데, 화목 제사를 드리는 과정 하나하나와 그 의미를 번제와 비교해 보십시오.

도움의 말

만일 여호와께 예물로 드리는 화목제의 제물이 양이면 수컷이나 암컷이나 흠 없는 것으로 드립니다. 양으로 화목제의 재물을 드리는 사람은 그것을 여호와 앞으로 끌어다가 그 예물의 머리에 안수하고 회막 앞에서 잡습니다. 아론의 자손은 그 피를 제단 사방에 뿌립니다. 그는 그 화목제의 제물 중에서 여호와께 화제를 드리는데 곧 그 기름 곧 미골에서 벤 기름진 꼬리, 내장에 덮인 기름, 내장에 붙은 모든 기름, 두 콩팥과 그 위의 기름 곧 허리 쪽에 있는 것과 간에 덮인 꺼풀을 콩팥과 함께 떼어냅니다. 제사장은 그것을 제단 위에서 불사르니 이는 화제로 여호와께 드리는 음식인데, 이는 하나님께서 인간의 순종과 제물의 뿌려진 피를 보시고 그 제사 제물을 기쁘게 인정하신다는 뜻입니다. 화목제도 번제처럼 짐승을 회막 문 앞, 즉 여호와 앞으로 끌고 오며 예물 드리는 사람이 그 짐승에 안수하고 도살하며 그리고 제사장이 피를 단 사면에 뿌리는 제사방법과 같습니다. 그러나 번제에서 희생제물의 가죽을 제외하고 모든 고기부분을 온전히 번제단 위에서 불사르는데 비해 화목제에서는 기름 부분과 콩팥 부분만을 불사르고 나머지 가슴 부분과 우편 다리 부분은 제사장의 몫입니다. 그 나머지 모든 부분은 제물을 가져온 사람의 가족들이 가난한 자 및 레위인들과 함께 성막 뜰에서 교제하며 나눠 먹습니다.

10
화목제의 예물을 염소로 드리려면

레위기 3 : 12-17

만일 그의 예물이 염소면 그것을 여호와 앞으로 끌어다가 그것의 머리에 안수하고 회막 앞에서 잡을 것이요 아론의 자손은 그 피를 제단 사방에 뿌릴 것이며 그는 그 중에서 예물을 가져다가 여호와께 화제를 드릴지니 곧 내장에 덮인 기름과 내장에 붙은 모든 기름과 두 콩팥과 그 위의 기름 곧 허리 쪽에 있는 것과 간에 덮인 꺼풀을 콩팥과 함께 떼어낼 것이요 제사장은 그것을 제단 위에서 불사를지니 이는 화제로 드리는 음식이요 향기로운 냄새라 모든 기름은 여호와의 것이니라 너희는 기름과 피를 먹지 말라 이는 너희의 모든 처소에서 너희 대대로 지킬 영원한 규례니라

기도 요점

만일 여호와께 예물로 드리는 사람의 화목제의 제물이 염소일 때, 화목제를 드리는 과정들과 그 각각의 의미는? 모든 기름은 여호와의 것이니라 너희는 기름과 피를 먹지 말라 이는 너희의 모든 처소에서 너희 대대로 지킬 영원한 규례라 이르시는데, 이 말씀이

의미하는 바는?

도움의 말

만일 여호와께 예물로 드리는 화목제의 제물이 염소일 때 제사드리는 과정은 우선 암수 상관없이 흠 없는 것을 여호와 앞, 회막 문 앞 번제 단으로 끌고 갑니다. 둘째, 염소로 화목제물을 드리는 그 사람은 그것의 머리에 안수하고 회막 앞에서 잡습니다. 셋째, 아론의 자손은 그 피를 제단 사방에 뿌립니다. 넷째, 화목제 제물을 드리는 그 사람은 그 중에서 예물을 가져다가 여호와께 화제를 드리는데, 이는 곧 내장에 덮인 기름, 내장에 붙은 모든 기름, 두 콩팥과 그 위의 기름 곧 허리 쪽에 있는 것과 간에 덮인 꺼풀을 콩팥과 함께 떼어낸 기름입니다. 희생제물로부터 분리시킨 이 모든 기름은 여호와의 몫이므로 제사장은 이를 번제 단 위에서 불사르는데, 이는 화제로 드리는 음식이요 향기로운 냄새입니다. 위의 모든 과정들의 의미는 화목제의 제물이 소나 양일 경우에 이미 설명드린 바 있습니다. 이같이 여호와의 몫인 모든 기름과 피는 인간에게 먹지 말라 이르십니다. 구약에서 피는 속죄의 유일 수단으로서 이는 최고의 신성한 성물이며, 또한 이는 오로지 여호와의 몫입니다. 그렇기 때문에 이는 인간의 죄를 대속하시는 그리스도의 보혈을 예표하고 상징하는 구속의 피이며, 또한 이는 오로지 여호와께만 돌려집니다. 이에 여호와의 몫인 기름과 피를 인간의 모든 처소에서 먹지 아니하는 것은 대대로 지킬 영원한 규례입니다.

11

속죄제를 드리는 규례 :
제사장을 위한 속죄제

레위기 4 : 1-12 (12월 26일)

여호와께서 모세에게 말씀하여 이르시되 이스라엘 자손에게 말하여 이르라 누구든지 여호와의 계명 중 하나라도 그릇 범하였으되 만일 기름 부음을 받은 제사장이 범죄하여 백성의 허물이 되었으면 그가 범한 죄로 말미암아 흠 없는 수송아지로 속죄제물을 삼아 여호와께 드릴지니 그 수송아지를 회막 문 여호와 앞으로 끌어다가 그 수송아지의 머리에 안수하고 그것을 여호와 앞에서 잡을 것이요 기름 부음을 받은 제사장은 그 수송아지의 피를 가지고 회막에 들어가서 그 제사장이 손가락에 그 피를 찍어 여호와 앞 곧 성소의 휘장 앞에 일곱 번 뿌릴 것이며 제사장은 또 그 피를 여호와 앞 곧 회막 안 향단 뿔들에 바르고 그 송아지의 피 전부를 회막 문 앞 번제단 밑에 쏟을 것이며 또 그 속죄제물이 된 수송아지의 모든 기름을 떼어낼지니 곧 내장에 덮인 기름과 내장에 붙은 모든 기름과 두 콩팥과 그 위의 기름 곧 허리쪽에 있는 것과 간에 덮인 꺼풀을 콩팥과 함께 떼어내되 화목제 제물의 소에게서 떼어냄 같이 할 것이요 제사장은 그것을 번제단 위에서 불사를 것이며 그 수송아지의 가죽과 그 모든 고기와 그것의 머리와 정강이와 내장과 똥 곧 그 송아지의 전체를 진영 바깥 재 버리는 곳인 정결한 곳으로 가져다가 불로 나무 위에서 사르되 곧 재 버리는 곳에서 불사를지니라

기도 요점

여호와께서 모세에게 말씀하여 이르시되 이스라엘 자손에게 말하여 이르라 누구든지 여호와의 계명 중 하나라도 그릇 범하였으되 만일 기름 부음을 받은 제사장이 범죄 하여 백성의 허물이 되었으면 그가 범한 죄로 말미암아 흠 없는 수송아지로 속죄제물을 삼아 여호와께 드리라 명하시는데, 제사장의 죄를 속죄하는 제사과정들과 각 과정의 의미를 찬찬히 살펴 보십시오.

도움의 말

여호와께서 모세에게 말씀하여 이르시기를 이스라엘 자손에게 속죄제를 말하여 이르라 하십니다. 그 말씀인즉 누구든지 여호와의 계명 중 하나라도 그릇 범하였으되 만일 기름 부음을 받은 제사장이 범죄 하여 백성의 허물이 되었다면, 그가 범한 죄로 말미암아 흠 없는 수송아지로 속죄제물을 삼아 여호와께 드리라 명하십니다. 백성을 대표하는 제사장이 죄를 짓게 되면, 그 죄의 결과는 전

체 백성에게 미치게 되므로 속죄 제물로 드린 그 수송아지를 회막
문 여호와 앞으로 끌어다가 그 수송아지의 머리에 안수합니다. 이
는 죄를 범한 제사장 자신이 마땅히 죽어야 하지만 자기 대신 죽
을 그 제물에 안수함으로써 자신의 모든 죄를 전가하는 행위입니
다. 이와 같이하여 그 제물과 제사장 자신이 하나로 연합되는데,
이는 죽는 것은 제물이지만 제물과 더불어 제사장 자신도 함께 죽
는다는 것을 의미하는 행위입니다. 이런 의미에서 우리가 그리스
와 함께 십자가에 못 박혀 죽었다는 것은 그리스도께서 우리의 영
원한 속죄 제물이 되시어 우리 대신 십자가에 못 박혀 돌아가셨다
는 것을 의미입니다. 그러므로 그리스도와 연합된 우리들도 죄와
함께 죽었다는 것을 뜻합니다. 죄를 범한 제사장이 자신을 대신하
여 죽게 된 속죄 제물인 수송아지에 안수 후에 그것을 여호와 앞
에서, 곧 번제 단 곁, 성막 북편 뜰에서 잡습니다. 기름 부음을 받
은 제사장은 그 수송아지의 피를 가지고 하나님과 그의 백성이 만
나는 곳인 회막에 들어가서 그 제사장이 손가락에 그 피를 찍어
여호와 앞 곧 성소의 휘장 앞에 일곱 번 뿌립니다. 번제와 화목제
의 제사에서는 희생제물의 피를 번제 단 사면에 뿌렸으나 속죄제
에서는 제사장이 범죄 한 경우에 성소 내 휘장 곧 지성소와 성소
를 구별해 주는 휘장 앞에 일곱 번 뿌립니다. 여기서 휘장 안쪽의
지성소는 하나님의 임재를 상징하는 법궤가 있고, 휘장 바깥쪽 성

소에는 분향단, 금촛대, 그리고 진설병 상이 있습니다. 그렇기 때문에 제사장은 희생 제물의 피를 지성소 쪽의 법궤 또는 속죄소를 향해 뿌립니다. 이것은 희생 제물의 피만이 여호와의 율법의 공의를 만족케 할 수 있다는 것과 함께 여호와의 자비의 은총을 받아 누릴 수 있음을 의미합니다. 제사장은 또 그 피를 여호와 앞 곧 회막 안 향단 뿔들에 바르고 그 송아지의 피 전부를 회막 문 앞 번제 단 밑에 쏟습니다. 이같이 회막 안 향단 뿔들에 그 피를 바르는 것은 희생제물의 피로 인한 구속의 온전함 또는 하나님과의 계약의 완전한 회복을 뜻합니다. 또 그 속죄제물이 된 수송아지의 모든 기름을 떼어내는데, 곧 내장에 덮인 기름, 내장에 붙은 모든 기름, 두 콩팥과 그 위의 기름 곧 허리 쪽에 있는 것과 간에 덮인 꺼풀을 콩팥과 함께 떼어냅니다. 이는 화목제 제물의 소에게서 떼어냄과 같은데, 제사장은 그것을 번제 단 위에서 불사릅니다. 이와 같이하여 여호와 앞에 향기로운 냄새가 되게 합니다. 이것은 하나님께서 그 제사를 인정하시고 만족해하신다는 뜻입니다. 그리고 그 수송아지의 가죽과 그 모든 고기와 그것의 머리와 정강이와 내장과 똥 곧 그 송아지의 전체를 진영 바깥 재 버리는 곳인 정결한 곳으로 가져다가 불로 나무 위에서 사르되 곧 재 버리는 곳에서 불사릅니다. 구약에서 진영 밖이란 레위기 10장 4절에 보면, 아론의 아들 나답과 아비후가 여호와께서 명령하시지 아니한 다른 불을 담아 여호와 앞에 분향함으로 인하여 불이 여호와 앞에서 나와 그들을 삼키매 그들이 여호와 앞에서 죽으므로 모세가 죽은 그들을 진영 밖으로 메어 나가라 하였습니다. 그러므로 진영 밖이란 저주받은 자 혹은 버림받은 것들이 버려지는 곳입니다. 그러나 진 바깥 재 버리는 곳을 정결하다고 한 까닭은 희생 제물을 진 바깥에서 불태우는 일도 속죄제 의식의 일부이므로 하나님께 바쳐진 성물을 취급하기 때문입니다. 신약 히브리서 13장 11과 12절을 보면, 죄를 위한 짐승의 피는 대제사장이 가지고 성소에 들어가고 그 육체는 영문 밖에서 불사름이라 그러므로 예수도 자기 피로써 백성을 거룩하게 하려고 성문 밖에서 고난을 받으셨다 말씀합니다.

12

속죄제를 드리는 규례 :
이스라엘 온 회중을 위한 속죄제

레위기 4 : 13-21

만일 이스라엘 온 회중이 여호와의 계명 중 하나라도 부지중에 범하여 허물이 있으나 스스로 깨닫지 못하다가 그 범한 죄를 깨달으면 회중은 수송아지를 속죄제로 드릴지니 그것을 회막 앞으로 끌어다가 회중의 장로들이 여호와 앞에서 그 수송아지 머리에 안수하고 그것을 여호와 앞에서 잡을 것이요 기름 부음을 받은 제사장은 그 수송아지의 피를 가지고 회막에 들어가서 그 제사장이 손가락으로 그 피를 찍어 여호와 앞, 휘장 앞에 일곱 번 뿌릴 것이며 또 그 피로 회막 안 여호와 앞에 있는 제단 뿔들에 바르고 그 피 전부는 회막 문 앞 번제단 밑에 쏟을 것이며 그것의 기름은 다 떼어 제단 위에서 불사르되 그 송아지를 속죄제의 수송아지에게 한 것 같이 할지며 제사장이 그것으로 회중을 위하여 속죄한즉 그들이 사함을 받으리라 그는 그 수송아지를 진영 밖으로 가져다가 첫번 수송아지를 사름 같이 불사를지니 이는 회중의 속죄제니라

기도 요점

만일 이스라엘 온 회중이 여호와의 계명 중 하나라도 부지중에 범하여 허물이 있으나 스스로 깨닫지 못하다가 그 범한 죄를 깨달으면 회중은 수송아지를 속죄제로 드려 그것을 회막 앞으로 끌어다가 회중을 대표하는 장로들이 여호와 앞에서 그 수송아지 머리에 안수하고 그것을 여호와 앞에서 잡을 것이며, 그리고 그 다음 절차 모두는 바로 앞에서 다른 제사장이 죄를 범할 때 드리는 속죄제와 똑같습니다. 앞에서 다룬 제사장의 속죄제를 참고하면서 회중이 부지중에 범한 죄를 속죄하는 과정 하나하나를 찬찬히 살펴보고 동시에 각 절차의 의미를 살펴보십시오.

도움의 말

만일 이스라엘 온 회중이 여호와의 계명 중 하나라도 부지중에 범하여 허물이 있으나 스스로 깨닫지 못하다가 그 범한 죄를 깨달으면 회중은 수송아지를 속죄제로 드립니다. 그 제물을 회막 앞으로 끌어다가 회중의 장로들이 여호와 앞에서 그 수송아지 머리에 안수하고 그것을 여호와 앞에서 잡습니다. 이 의미는 바로 앞에서 다룬 여호와의 계명을 어긴 제사장의 속죄제와 같습니다. 기름 부음을 받은 제사장은 그 수송아지의 피를 가지고 회막에 들어가서 그 제사장이 손가락으로 그 피를 찍어 여호와 앞, 휘장 앞에 일곱 번 뿌립니다. 또 그 피로 회막 안 여호와 앞에 있는 제단 뿔들에 바르고 그 피 전부는 회막 문 앞 번제단 밑에 쏟습니다. 그것의 기름은 다 떼어 제단 위에서 불사르되 그 송아지를 속죄제의 수송아지에게 한 것 같이 합니다. 이것 역시 제사장이 범죄 하였을 때 그 죄를 속함 받기 위하여 수송아지를 제물로 택하여 한 것과 똑같은 방법과 절차대로 시행합니다. 제사장이 그것으로 회중을 위하여 속죄한즉 그들이 사함을 받습니다. 그는 그 수송아지를 진영 밖으로 가져다가 첫 번 수송아지를 사름 같이 불사르니 이는 회중의 속죄제입니다. 이에 대한 절차와 그 의미 역시 바로 앞에서 다룬 제사장이 죄를 범할 때 속죄제를 드리는 것과 동일합니다.

13

속죄제를 드리는 규례 : 족장을 위한 속죄제

레위기 4 : 22-26

만일 족장이 그의 하나님 여호와의 계명 중 하나라도 부지중에 범하여 허물이 있었는데 그가 범한 죄를 누가 그에게 깨우쳐 주면 그는 흠 없는 숫염소를 예물로 가져다가 그 숫염소의 머리에 안수하고 여호와 앞 번제물을 잡는 곳에서 잡을지니 이는 속죄제라 제사장은 그 속죄 제물의 피를 손가락에 찍어 번제단 뿔들에 바르고 그 피는 번제단 밑에 쏟고 그 모든 기름은 화목제 제물의 기름 같이 제단 위에서 불사를지니 이같이 제사장이 그 범한 죄에 대하여 그를 위하여 속죄한즉 그가 사함을 얻으리라

기도 요점

만일 족장이 그의 하나님 여호와의 계명 중 하나라도 부지중에 범하여 허물이 있었는데 그가 범한 죄를 누가 그에게 깨우쳐 주면 그는 흠 없는 숫염소를 예물로 가져다가 그 숫염소의 머리에 안수하고 여호와 앞 번제물을 잡는 곳에서 잡는데 이는 속죄제라 제사장은 그 속죄 제물의 피를 손가락에 찍어 번제단 뿔들에 바르고

그 피는 번제단 밑에 쏟고 그 모든 기름은 화목제 제물의 기름 같이 제단 위에서 불사릅니다. 이같이 제사장이 그 범한 죄에 대하여 그를 위하여 속죄한즉 그가 사함을 얻으리라는 말씀을 묵상하면서 족장을 위한 속죄제와 제사장과 회중을 위한 속죄제와의 차이는?

도움의 말

만일 족장이 그의 하나님 여호와의 계명 중 하나라도 부지중에 범하여 허물이 있었는데, 그가 범한 죄를 누가 그에게 깨우쳐 주면 그는 속제예물로 흠 없는 숫염소를 가져갑니다. 그는 그 숫염소의 머리에 안수하고 여호와 앞 번제물을 잡는 곳인 번제 단 곁, 곧 성막 북편 뜰에서 잡습니다. 이는 속죄제라 제사장은 그 속죄 제물의 피를 손가락에 찍어 번제단 뿔들에 바르고 그 피는 번제단 밑에 쏟습니다. 이는 제사장과 회중을 위한 속죄제에서 제사장이 피를 가지고 회막에 들어가서 그 제사장이 손가락으로 그 피를 찍어 여호와 앞, 휘장 앞에 일곱 번 뿌리고, 또 그 피로 회막 안 여호와 앞에 있는 제단 뿔들에 바르고 그 피 전부는 회막 문 앞 번제단 밑에 쏟는 것과 다릅니다. 이처럼 족장의 속죄제에서 그 제물의 피를 처리하는 방법이 단순한 것은 제사장이나 회중의 지은 죄는 온 이스라엘에게 미치지만, 족장의 죄는 그가 속한 지파나 개인으로

국한되기 때문입니다. 그 모든 기름은 화목제 제물의 기름 같이 제단 위에서 불사르니 이같이 제사장이 그 범한 죄에 대하여 그를 위하여 속죄한즉 그가 사함을 얻게 됩니다. 그러나 기름 외 모든 희생 제물의 고기 부분은 제사장들에게 돌아가 그들이 이를 회막 뜰, 거룩한 곳에서 먹을 수 있었습니다.

14

속죄제를 드리는 규례 : 평민 한 사람을 위한 속죄제

레위기 4 : 27-31

만일 평민의 한 사람이 여호와의 계명 중 하나라도 부지중에 범하여 허물이 있었는데 그가 범한 죄를 누가 그에게 깨우쳐 주면 그는 흠 없는 암염소를 끌고 와서 그 범한 죄로 말미암아 그것을 예물로 삼아 그 속죄제물의 머리에 안수하고 그 제물을 번제물을 잡는 곳에서 잡을 것이요 제사장은 손가락으로 그 피를 찍어 번제단 뿔들에 바르고 그 피 전부를 제단 밑에 쏟고 그 모든 기름을 화목제물의 기름을 떼어낸 것 같이 떼어내 제단 위에서 불살라 여호와께 향기롭게 할지니 제사장이 그를 위하여 속죄한즉 그가 사함을 받으리라

기도 요점

만일 평민의 한 사람이 여호와의 계명 중 하나라도 부지중에 범하여 허물이 있었는데 그가 범한 죄를 누가 그에게 깨우쳐 주면 그는 흠 없는 암염소를 끌고 와서, 그 범한 죄로 말미암아 그것을 예물로 삼아 그 속죄제물의 머리에 안수하고. 그 제물을 번제물을 잡는 곳에서 잡을 것이요, 제사장은 손가락으로 그 피를 찍어 번

제단 뿔들에 바르고 그 피 전부를 제단 밑에 쏟고, 그 모든 기름을 화목제물의 기름을 떼어낸 것 같이 떼어내 제단 위에서 불살라 여호와께 향기롭게 합니다. 이같이 제사장이 그를 위하여 속죄한즉 그가 사함을 받으리라 이르는데, 한 개인이 속죄받는 절차와 그 의미를 찬찬히 새겨 보십시오.

도움의 말

만일 평민의 한 사람이 여호와의 계명 중 하나라도 부지중에 범하여 허물이 있었는데, 그가 범한 죄를 누가 그에게 깨우쳐 주면 그는 흠 없는 암염소를 속죄제의 예물로 드립니다. 그는 그 예물을 끌고 와서 그 범한 죄로 말미암아 그것을 예물로 삼아 그 속죄제물의 머리에 안수합니다. 안수 후 그는 그 제물을 번제물을 잡는 곳, 번제 단 곁 성막 북편 뜰에서 잡습니다. 족장의 속죄제와 마찬가지로 제사장은 손가락으로 그 피를 찍어 번제단 뿔들에 바르고 그 피 전부를 제단 밑에 쏟습니다. 그 모든 기름을 화목제물의 기름을 떼어낸 것 같이 떼어내 제단 위에서 불살라 여호와께 향기롭게 합니다. 이는 희생예물 중 반드시 여호와의 몫으로 구분되어 번제단 위에서 여호와께 불살라 바쳐야 했습니다. 이와 같이하여 제사장이 그를 위하여 속죄한즉 그가 사함을 받습니다.

15

속죄제를 드리는 규례 :
평민 한 사람의 속죄제물이 어린 양이면

레위기 4 : 32-35

그가 만일 어린 양을 속죄제물로 가져오려거든 흠 없는 암컷을 끌어다가 그 속죄제 제물의 머리에 안수하고 번제물을 잡는 곳에서 속죄제물로 잡을 것이요 제사장은 그 속죄제물의 피를 손가락으로 찍어 번제단 뿔들에 바르고 그 피는 전부 제단 밑에 쏟고 그 모든 기름을 화목제 어린 양의 기름을 떼낸 것 같이 떼내어 제단 위 여호와의 화제물 위에서 불사를지니 이같이 제사장이 그가 범한 죄에 대하여 그를 위하여 속죄한즉 그가 사함을 받으리라

기도 요점

평민 한 사람이 만일 어린 양을 속죄제물로 가져오려거든 흠 없는 암컷을 끌어다가 그 속죄제 제물의 머리에 안수하고, 번제물을 잡는 곳에서 속죄 제물로 잡을 것이요, 제사장은 그 속죄제물의 피를 손가락으로 찍어 번제단 뿔들에 바르고, 그 피는 전부 제단 밑에 쏟고, 그 모든 기름을 화목제 어린 양의 기름을 떼낸 것 같이 떼내어 제단 위 여호와의 화제물 위에서 불사릅니다. 이같이 제

사장이 그가 범한 죄에 대하여 그를 위하여 속죄한즉 그가 사함을 받으리라는 말씀을 읽으면서 어린 양을 속죄 제물로 드릴 경우 그 속죄제의 절차를 찬찬히 상상하면서 그 의미를 새겨 보십시오.

도움의 말

평민 한 사람이 흠 없는 암염소 대신에 만일 어린 양을 속죄 제물로 가져오려거든 흠 없는 암컷을 끌어다가 그 속죄제 제물의 머리, 곧 어린 양의 양 뿔 사이에 두 손을 얹고 힘껏 눌려 안수합니다. 이미 말씀드린 것처럼 여기서 안수는 죄를 범한 그가 마땅히 죽어야 하지만 자기 대신 죽을 그 제물에 안수함으로써 자신의 모든 죄를 전가하는 행위입니다. 이와 같이하여 그 제물과 그 사람이 하나로 연합되는데, 이는 죽는 것은 제물이지만 제물과 더불어 그 사람 자신도 함께 죽는다는 것을 의미하는 행위입니다. 안수 후 그는 그 제물을 번제물을 잡는 곳, 번제 단 곁 성막 북편 뜰에서 잡습니다. 제사장은 그 속죄제물의 피를 손가락으로 찍어 번제 단 뿔들에 바르고 그 피는 전부 제단 밑에 쏟습니다. 그 모든 기름을 화목제 어린 양의 기름을 떼낸 것 같이 떼내어 제단 위 여호와의 화제물 위에서 불사릅니다. 이같이 제사장이 그가 범한 죄에 대하여 그를 위하여 속죄한즉 그가 사함을 받습니다. 이처럼 속죄제는 하나님 앞에 부지중에 지은 죄를 속함받기 원할 때 드리

는 제사로서 자기 죄를 깨달은 사람은 반드시 드려야만 되는 의무
제입니다.

_____

_____

_____

_____

_____

16
각 종 허물을 위한 속죄제

레위기 5 : 1-6

만일 누구든지 저주하는 소리를 듣고서도 증인이 되어 그가 본 것이나 알고 있는 것을 알리지 아니하면 그는 자기의 죄를 져야 할 것이요 그 허물이 그에게로 돌아갈 것이며 만일 누구든지 부정한 것들 곧 부정한 들짐승의 사체나 부정한 가축의 사체나 부정한 곤충의 사체를 만졌으면 부지중이라고 할지라도 그 몸이 더러워져서 허물이 있을 것이요 만일 부지중에 어떤 사람의 부정에 닿았는데 그 사람의 부정이 어떠한 부정이든지 그것을 깨달았을 때에는 허물이 있을 것이요 만일 누구든지 입술로 맹세하여 악한 일이든지 선한 일이든지 하리라고 함부로 말하면 그 사람이 함부로 말하여 맹세한 것이 무엇이든지 그가 깨닫지 못하다가 그것을 깨닫게 되었을 때에는 그 중 하나에 그에게 허물이 있을 것이니 이 중 하나에 허물이 있을 때에는 아무 일에 잘못하였노라 자복하고 그 잘못으로 말미암아 여호와께 속죄제를 드리되 양 떼의 암컷 어린 양이나 염소를 끌어다가 속죄제를 드릴 것이요 제사장은 그의 허물을 위하여 속죄할지니라

기도 요점

각 종 허물 네 가지를 위한 속죄제를 드릴 때 양떼의 어린 양이나 염소를 끌어다가 속죄제를 드릴 것이요 제사장은 그의 허물을 위하여 속죄하는데, 여기서 말하는 네 가지 허물이란?

도움의 말

다음의 네 가지에 해당되는 허물이 있을 경우 속죄제를 드립니다. 첫째는 만일 누구든지 저주하는 소리를 듣고서도 증인이 되어 그가 본 것이나 알고 있는 것을 알리지 아니하면, 이로 인하여 그는 자기의 죄를 져야 하며 그 허물이 그에게로 돌아갑니다. 여기서 증인이란 다른 사람의 범죄를 직접 목격했거나 혹은 간접적으로라도 그 사실을 알고 있을 때 재판장의 판결을 돕기 위해 법정에 출두하여 알고 있는 것을 알려야 하는 사람입니다. 둘째는 만일 누구든지 부정한 것들 곧 부정한 들짐승의 사체나 부정한 가축의 사체나 부정한 곤충의 사체를 만졌으면 부지중이라고 할지라도 그 몸이 더러워져서 허물이 있습니다. 이 같은 짐승의 정과 부정 구별은 종교 의식상의 구별로서 택함 받은 백성을 부정한 것으로부터 분리시켜 거룩한 데로 나아가게 하려는데 그 목적이 있었습니다. 셋째는 만일 부지중에 어떤 사람의 부정에 닿았는데 그 사람의 부정이 어떠한 부정이든지 그것을 깨달았을 때에는 허물이 있습니다. 여기서 사람의 부정이란 주검을 만지는 것, 출산하는 것, 문둥병 및 피부병에 걸리는 것, 유출병이 있는 것, 설정하는 것, 월경하는 것, 혈구하는 것 등입니다. 이는 도덕적인 부정이 아니라 종교 의식상의 부정으로서 선민으로서의 내적 거룩함을 보전하기 위한 정결법을 교훈하기 위한 부정입니다. 넷째는 만일 누구든지 입술로 맹세하여 악한 일이든지 선한 일이든지 하리라고 함부로 말하면 그 사람이 함부로 말하여 맹세한 것이 무엇이든지 그가 깨닫지 못하다가 그것을 깨닫게 되었을 때에는 그 중 하나에 그에게 허물이 있을 것인데, 이 중 하나에 허물이 있을 때에는 아무 일에 잘못하였노라 자복하고 그 잘못으로 말미암아 여호와께 속죄제를 드립니다. 이는 무심중에 맹세를 말한다는 것은 경솔하게 함부로 맹세를 발설하는 사람을 뜻하는데, 이는 하나님의 거룩하심에 누를 끼쳤기 때문에 그에게 허물이 됩니다.. 위의 네 가지 허물에 속하는 사람은 양 떼의 암컷 어린 양이나 염소를 속죄 제물로 끌어다가 속죄제를 드리고, 제사장은 그의 허물을 위하여 속죄합니다.

17

가난한 자를 위한 속죄제 : 속죄 제물로는 산비둘기 두 마리나 집비둘기 새끼 두 마리

레위기 5 : 7-10

만일 그의 힘이 어린 양을 바치는 데에 미치지 못하면 그가 지은 죄를 속죄하기 위하여 산비둘기 두 마리나 집비둘기 새끼 두 마리를 여호와께로 가져가되 하나는 속죄제물을 삼고 하나는 번제물을 삼아 제사장에게로 가져갈 것이요 제사장은 그 속죄제물을 먼저 드리되 그 머리를 목에서 비틀어 끊고 몸은 아주 쪼개지 말며 그 속죄제물의 피를 제단 곁에 뿌리고 그 남은 피는 제단 밑에 흘릴지니 이는 속죄제요 그 다음 것은 규례대로 번제를 드릴지니 제사장이 그의 잘못을 위하여 속죄한즉 그가 사함을 받으리라

기도 요점

만일 속제 제물을 드리는 그의 힘이 어린 양을 바치는 데에 미치지 못하면 그가 지은 죄를 속죄하기 위하여 산비둘기 두 마리나 집비둘기 새끼 두 마리를 여호와께로 가져가되 하나는 속죄제물을 삼고 하나는 번제물을 삼는데, 그 규례들 및 그 의미는?

도움의 말

만일 그의 힘이 속죄 제물로 어린 양을 바치는 데에 미치지 못하면 그가 지은 죄를 속죄하기 위하여 산비둘기 두 마리나 집비둘기 새끼 두 마리를 여호와께로 가져갑니다. 여기서 우리는 죄를 용서함 받는데 있어서 빈부의 차별이 없다는 것을 알 수 있으며, 또한 속죄함을 받는데 있어서 제물의 가치와 상관없이 오로지 바로 그 제물의 피에 있다는 것을 알 수 있습니다. 새 두 마리중 하나는 속죄 제물을 삼고 다른 하나는 번제물을 삼아 제사장에게로 가져갑니다. 제사장은 그 속죄제물을 먼저 드리되 그 머리를 목에서 비틀어 끊고 몸은 아주 쪼개지 않습니다. 그 속죄제물의 피를 제단 곁에 뿌리고 그 남은 피는 제단 밑에 흘리는데, 이것이 속죄제입니다. 이같이 그 한 마리로 속죄제물을 삼아 죄 용서함을 받아 하나님과 정상적인 관계를 회복합니다. 그 다음 것은 규례대로 번제를 드리는데, 그 한 마리의 속죄 제물로 죄 용서를 받음에 대한 감사 및 헌신의 표시로 그 남은 다른 한 마리의 새로 번제물을 삼는 것입니다. 번제 제물로 드리는 새의 처리방법은 일반 번제 규례와 같은데, 즉 먹통과 더러운 깃털을 제외하고 피는 단 곁에 흘린 후 몸통 부분을 반쯤 열어젖힌 다음 이를 제단 위에 온전히 화제로 불사릅니다. 제사장이 그의 잘못을 위하여 이같이 속죄한즉 그가 사함을 받습니다.

18

극빈자를 위한 속죄제

레위기 5:11-13

만일 그의 손이 산비둘기 두 마리나 집비둘기 두 마리에도 미치지 못하면 그의 범죄로 말미암아 고운 가루 십분의 일 2)에바를 예물로 가져다가 속죄제물로 드리되 이는 속죄제인즉 그 위에 기름을 붓지 말며 유향을 놓지 말고 그것을 제사장에게로 가져갈 것이요 제사장은 그것을 기념물로 한 움큼을 가져다가 제단 위 여호와의 화제물 위에서 불사를지니 이는 속죄제라 제사장이 그가 이 중에서 하나를 범하여 얻은 허물을 위하여 속죄한즉 그가 사함을 받으리라 그 나머지는 소제물 같이 제사장에게 돌릴지니라

기도 요점

만일 그의 손이 산비둘기 두 마리나 집비둘기 두 마리에도 미치지 못하면 그의 범죄로 말미암아 고운 가루 십분의 일 에바를 예물로 가져다가 속죄제물로 드리는 규례들 하나하나를 찬찬히 살피면서 각 규례 및 그 의미를 익혀보십시오.

도움의 말

만일 그의 손이 산비둘기 두 마리나 집비둘기 두 마리에도 미치지 못하면 그의 범죄로 말미암아 고운 가루 십분의 일 에바를 예물로 가져다가 속죄 제물로 드립니다. 에바는 구약시대 부피의 고체량 단위로서 1에바는 약 23리터이므로 에바 십분의 일은 약 13리터(1.2되) 가량의 양입니다. 이는 속죄제인즉 에바 십분의 일의 고운 가루 위에 기름을 붓지 말며 유향을 넣지 말고 그것을 제사장에게로 가져갑니다. 제사장은 그것을 기념물로 한 움큼을 가져다가 제단 위 여호와의 화제물 위에서 불사르는데, 이는 속죄제입니다. 이같이 피가 없는 가루를 속죄제물로 하나님께서 허용하신 것은 극빈자에 대한 하나님의 긍휼입니다. 그러므로 속죄 제물용인 고운 가루는 반드시 매일 번제단 위에서 불타고 있는 상번제물 위에 놓여져 그 제물이 흘린 피와 더불어 속죄제로 불사릅니다. 속죄 제물을 고운 가루 십분의 일 에바를 드리는 그 사람이 만일 증인이 되고도 진술요청을 회피한 죄나 혹은 짐승의 사체로 인한 부정이나 혹은 사람의 부정이나 혹은 무심중에 맹세를 발한 허물 중하나를 범하여 얻은 허물을 제사장이 속죄한즉 그가 사함을 받습니다. 번제단 위에서 불살라진 그 기념물 외 그 나머지는 소제물같이 제사장에게 돌립니다.

19

속건제를 드리는 규례 : 여호와의 성물을 범할 때

레위기 5 : 14-16

여호와께서 모세에게 말씀하여 이르시되 누구든지 여호와의 성물에 대하여 부지중에 범죄하였으면 여호와께 속건제를 드리되 네가 지정한 가치를 따라 성소의 세겔로 몇 세겔 은에 상당한 흠 없는 숫양을 양 떼 중에서 끌어다가 속건제로 드려서 성물에 대한 잘못을 보상하되 그것에 오분의 일을 더하여 제사장에게 줄 것이요 제사장은 그 속건제의 숫양으로 그를 위하여 속죄한즉 그가 사함을 받으리라

기도 요점

여호와께서 모세에게 말씀하여 이르시되 누구든지 여호와의 성물에 대하여 부지중에 범죄 하였으면 여호와께 속건제를 드리는데, 여호와께서 친히 모세에게 이르신 속건제 규례는?

도움의 말

여호와께서 모세에게 말씀하여 이르시되 누구든지 여호와의 성물에 대하여 부지중에 범죄 하였으면 여호와께 속건제를 드리라 명

하십니다. 여기서 여호와의 성물이란 구별하여 여호와께 드린 모든 예물들인데, 이는 여호와의 거룩하신 일에만 사용됩니다. 그런데 부지중이라도 여호와의 소유인 여호와의 성물을 인간을 위해 사용하므로써 여호와의 소유를 침범하게 되면 속건제를 드려 그 죄의 사함을 받아야합니다. 이에 모세가 지정한 가치를 따라, 즉 모세가 침범된 각 예물에 대해 판단한 가치에 따라 성소의 세겔로 몇 세겔 은에 상당하는 흠 없는 숫양을 양 떼 중에서 끌어다가 속건제로 제사를 드립니다. 여기서 성소의 세겔은 구약시대 무게로 측정되는 통용 화폐 단위인데, 보통 1세겔이 11.4g으로서 당시 은 30세겔은 장정 노예 한 사람의 몸값이었습니다(출 21 : 32) 이같이 모세가 지정한 가치를 따라 성소의 세겔로 성물에 대한 잘못을 보상하되 그것에 오분의 일을 더하여 제사장에게 줍니다. 즉 성물을 침범한 그 사람은 속건 제물로 모세가 지정한 대로 흠 없는 숫양과 함께 그가 범한 성물 액수의 1/5에 해당되는 벌과금을 가산하여 제사장에게 가져와야 됩니다. 제사장은 그 속건제의 숫양으로 그를 위하여 속죄한즉 그가 사함을 받습니다. 이같이 속건제는 여호와의 성물을 부지중에 침범하였더라도 이를 속함 받기 위해 드리는 제사이지만 배상의 성격이 있는 제사입니다.

20

속건제를 드리는 규례 : 여호와의 계명 중 하나를 부지중 범할 때

레위기 5 : 17-19

만일 누구든지 여호와의 계명 중 하나를 부지중에 범하여도 허물이라 벌을 당할 것이니 그는 네가 지정한 가치대로 양 떼 중 흠 없는 숫양을 속건제물로 제사장에게로 가져갈 것이요 제사장은 그가 부지중에 범죄한 허물을 위하여 속죄한즉 그가 사함을 받으리라 이는 속건제니 그가 여호와 앞에 참으로 잘못을 저질렀음이니라

기도 요점

여호와의 계명 중 하나를 부지중 범하여도 허물이라 벌을 당할 것이니 이를 범한 사람이 그 허물의 사함을 받게 되는 속건제의 규례는?

도움의 말

만일 누구든지 여호와의 계명 중 하나를 부지중에 범하여도 이는 허물입니다. 이를 그가 깨닫지 못하였다가 이를 깨닫게 되면 그

범한 허물로 벌을 당할 것이니 이는 여호와의 주권 및 권리를 침해한 것으로 간주되어 여호와께 속건 제물을 바쳐야 합니다. 그러므로 그는 모세가 지정한 가치대로 양 떼 중 흠 없는 숫양을 속건 제물로 제사장에게로 가져갑니다. 제사장은 그가 부지중에 범죄한 그 허물을 위하여 속죄한즉 그가 사함을 받습니다. 이는 속건제니 그가 여호와 앞에 참으로 잘못을 저질렀음을 뜻합니다. 속건제는 허물을 범한 자의 최대한의 배상과 이로 인하여 주권 및 권리를 침해당하신 여호와의 최대한의 관용으로 공의와 사랑이 어우러져 양측 사이의 참된 화해와 교제가 이뤄집니다. 이는 결국 우리인간의 속건제물이 되신 그리스도의 희생과 하나님의 사랑이 함께 어우러져 있는 십자가 사건에서 온전히 성취되어 우리와 하나님 사이의 화해와 교제가 예수 그리스도로 말미암아 이뤄지게 된 것입니다.

21

속건제에 해당되는 죄

레위기 6 : 1-7

여호와께서 모세에게 말씀하여 이르시되 누구든지 여호와께 신실하지 못하여 범죄하되 곧 이웃이 맡긴 물건이나 전당물을 속이거나 도둑질하거나 착취하고도 사실을 부인하거나 남의 잃은 물건을 줍고도 사실을 부인하여 거짓 맹세하는 등 사람이 이 모든 일 중의 하나라도 행하여 범죄하면 이는 죄를 범하였고 죄가 있는 자니 그 훔친 것이나 착취한 것이나 맡은 것이나 잃은 물건을 주운 것이나 그 거짓 맹세한 모든 물건을 돌려보내되 곧 그 본래 물건에 오분의 일을 더하여 돌려보낼 것이니 그 죄가 드러나는 날에 그 임자에게 줄 것이요 그는 또 그 속건제물을 여호와께 가져갈지니 곧 네가 지정한 가치대로 양 떼 중 흠 없는 숫양을 속건제물을 위하여 제사장에게로 끌고 갈 것이요 제사장은 여호와 앞에서 그를 위하여 속죄한즉 그는 무슨 허물이든지 사함을 받으리라

기도 요점

오늘 말씀에서 인간 상호간의 관계에서 범과 했을 때, 속건제에

해당되는 죄 다섯 가지는? 이러한 다섯 가지 범죄는 먼저 이웃에게 물질적인 보상을 해야 되는데, 그 보상의 규례는? 이같이 이웃에게 물질적 보상을 한 후에 하나님께 속건제를 드려 그 죄의 용서를 받아야 되는데, 하나님께 드리는 속건제의 규례는?

도움의 말

여호와께서 모세에게 말씀하여 이르시되 누구든지 여호와께 신실하지 못하여 범죄하여 죄를 지은 사람에 대한 속건 제물에 관한 말씀을 하십니다. 이는 곧 첫째 이웃이 맡긴 물건이나 혹은 둘째 전당물을 속이거나 도둑질하거나 셋째 착취하고도 사실을 부인하거나 넷째 남의 잃은 물건을 줍고도 사실을 부인하거나 다섯째 거짓 맹세하는 등입니다. 사람이 이 모든 일 중의 하나라도 행하여 범죄 하면 이는 죄를 범하였고 죄가 있는 자입니다. 여기서 우리는 속건제의 대상 중에 하나인 이웃에 대한 위의 다섯 가지 모두는 다 여호와께 신실하지 못하기 때문에 지은 범죄입니다. 이에 그 훔친 것이나 착취한 것이나 맡은 것이나 잃은 물건을 주운 것이나 그 거짓 맹세한 모든 물건을 돌려보내되 곧 그 본래 물건에 오분의 일을 더하여 돌려보내야만 됩니다. 그 죄가 드러나는 날에 그 임자에게 이를 주어야 할 것이며 그는 또 그 속건 제물을 여호와께 가져가는데, 곧 모세가 지정한 가치대로 양 떼 중 흠 없는 숫양을 속건 제물을 위하여 제사장에게로 끌고 갑니다. 제사장은 여호와 앞에서 그를 위하여 속죄한즉 그는 무슨 허물이든지 사함을 받게 됩니다. 이와 같이 속건제는 바로 앞에서 다뤘던 여호와의 성물을 범할 때와 이웃과 관련하여 여호와의 계명 중 하나를 부지 중에 범할 때, 그리고 오늘 말씀처럼 인간 상호간의 관계에서 범과 했을 때 등입니다.

22

번제를 드리는 규례

레위기 6 : 8-13 (1월 10일)

여호와께서 모세에게 말씀하여 이르시되 아론과 그의 자손에게 명령하여 이르라 번제의 규례는 이러하니라 번제물은 아침까지 제단 위에 있는 석쇠 위에 두고 제단의 불이 그 위에서 꺼지지 않게 할 것이요 제사장은 세마포 긴 옷을 입고 세마포 속바지로 하체를 가리고 제단 위에서 불태운 번제의 재를 가져다가 제단 곁에 두고 그 옷을 벗고 다른 옷을 입고 그 재를 진영 바깥 정결한 곳으로 가져갈 것이요 제단 위의 불은 항상 피워 꺼지지 않게 할지니 제사장은 아침마다 나무를 그 위에서 태우고 번제물을 그 위에 벌여 놓고 화목제의 기름을 그 위에서 불사를지며 불은 끊임이 없이 제단 위에 피워 꺼지지 않게 할지니라

기도 요점

여호와께서 모세에게 말씀하여 이르시되 아론과 그의 자손에게 명령하여 이르라 번제의 규례는 이러하니라 번제물은 아침까지 제단 위에 있는 석쇠 위에 두고 제단의 불이 그 위에서 꺼지지 않게 하

라 명하시는데, 이는 상번제로서 매일 아침저녁으로 늘 연이어서 드리는 번제입니다. 이 제사가 의미하는 바는? 제사장은 세마포 긴 옷을 입고 세마포 속바지로 하체를 가리고 제단 위에서 불태운 번제의 재를 가져다가 제단 곁에 두고, 그 옷을 벗고 다른 옷을 입고, 그 재를 진영 바깥 정결한 곳으로 가져갑니다. 제단 위의 불은 항상 피워 꺼지지 않게 하는데, 이 같은 제사규례가 의미하는 바는?

도움의 말

여호와께서 모세에게 말씀하여 이르시되 아론과 그의 자손에게 명령하여 번제의 규례를 이르라 하십니다. 레위기 1장 1-17절의 번제에 대한 말씀은 하나님께서 모세를 통하여 이스라엘 자손에게 이르게 하신 제사의 원칙을 말씀하셨으므로 이는 전 이스라엘이 지켜야 되는 규례입니다. 그러나 여기서는 여호와께서 모세에게 말씀하여 이르시고, 여호와로부터 들을 그 말씀을 모세가 아론과 그의 자손에게 번제의 규례를 이르게 하시니 이는 직접 제사를 담당 하는 제사장들이 지켜야 되는 규례입니다. 번제물은 아침까지 제단 위에 있는 석쇠 위에 두고 제단의 불이 그 위에서 꺼지지 않게 합니다. 여기서 '아침까지 두는 번제물'은 전날 해 질 무렵에 드린 제물 곧 상번제물을 가리킵니다. 이같이 상번제는 매일 아침 저녁으로 늘 연이어서 드리는 번제로서 이는 전 이스라엘이 하나님께 끊임없는 충성과 헌신 및 예배을 상징하는 제사입니다. 이를 위하여 '제사장은 세마포 긴 옷을 입고 세마포 속바지로 하체를 가리고 제단 위에서 불태운 번제의 재를 가져다가 제단 곁, 번제단 동편 재 버리는 곳에다 잠시 둡니다. 그리고 그 옷을 벗고 다른 옷을 입고 그 재를 진영 바깥 정결한 곳으로 가져갑니다. 이같이 성막에서 하나님의 거룩한 일을 하는데 입었던 옷이 진 밖 부정한 것과 접촉하여 더러워지는 것을 방지하기 위하여 평상복으로 갈아 입었습니다. 번제물은 아침까지 제단 위에 있는 석쇠 위에 두고 제단 위의 불은 항상 피워 꺼지지 않게 하며 제사장은 아침마다 나무를 그 위에서 태우고 번제물을 그 위에 벌여 놓고 화목제의 기름을 그 위에서 불사릅니다. 이는 화목제를 드리면, 그 화목제물의 기름부위를 항시 불타고 있는 상번제물 위에 올려놓아 함께 불사르라는 것을 말합니다. 제사 규례에 있어서 화목제물만이 아니라 모든 다른 제사 제물들도 화제로 드린다면 늘 이 상번제물과 더불어 드려졌다 합니다. 그리고 불은 끊임이 없이 제단 위에 피워 꺼지지 않게 합니다

23

소제를 드리는 규례

레위기 6 : 14-18

소제의 규례는 이러하니라 아론의 자손은 그것을 제단 앞 여호와 앞에 드리되 그 소제의 고운 가루 한 움큼과 기름과 소제물 위의 유향을 다 가져다가 기념물로 제단 위에서 불살라 여호와 앞에 향기로운 냄새가 되게 하고 그 나머지는 아론과 그의 자손이 먹되 누룩을 넣지 말고 거룩한 곳 회막 뜰에서 먹을지니라 그것에 누룩을 넣어 굽지 말라 이는 나의 화제물 중에서 내가 그들에게 주어 그들의 소득이 되게 하는 것이라 속죄제와 속건제 같이 지극히 거룩한즉 아론 자손의 남자는 모두 이를 먹을지니 이는 여호와의 화제물 중에서 대대로 그들의 영원한 소득이 됨이라 이를 만지는 자마다 거룩하리라

기도 요점

여호와께서 모세를 통하여 아론의 자손에게 명하신 소제의 규례는? 소제물 중 여호와의 몫, 즉 기념물에 대한 소제의 규례는? 소제물 중 여호와의 몫 외에 그 나머지, 즉 지성물에 관한 규례는?

도움의 말

소제의 규례는 이러합니다. 곧 아론의 자손은 그것을 제단 앞 여호
와 앞에 드리되 그 소제의 고운 가루 한 움큼과 기름과 소제물 위의
유향을 다 가져다가 기념물로 제단 위에서 불사릅니다. 여기서 한
줌은 손에 가득 퍼 담은 양이며 기념물이란 소제물 중 여호와의 몫으
로 구분되어 번제단 위에서 화제로 불살라지는 제물입니다. 이는 여
호와 앞에 향기로운 냄새가 되게 합니다. 그 나머지, 곧 소제 중 여
호와께 드려지고 남은 것으로서 이는 지성물인데 아론과 그의 자손
이 먹되 누룩을 넣지 말고 거룩한 곳 회막 뜰, 하나님과 그의 백성이
만나는 곳에서 먹습니다. 그것에 누룩을 넣어 굽지 말라 하시는데,
이는 여호와의 화제물 중에서 여호와께서 그들에게 주어 그들의 소
득이 되게 하는 것이기 때문입니다. 이는 상막에서 봉사하는 제사장
들의 몫으로 하나님께서 그들에게 허락하셨다는 말씀입니다. 그러
므로 이는 하나님과 이웃에 대해 지은 죄를 속함 받기 위하여 드리는
속죄제와 속건제 같이 지극히 거룩한 아론 자손의 남자는 모두 이를
먹습니다. 이는 여호와의 화제물 중에서 대대로 그들의 영원한 소득
이 되는데, 이를 만지는 자마다 거룩하리라 하십니다. 당시 지성물
을 만질 수 있고 먹을 수 있는 사람은 오로지 아론자손의 제사장들뿐
이었으므로 그들은 곧 하나님께 구별된 거룩한 자들로 여겨집니다.

24

제사장직 위임의 소제물

레위기 6 : 19-23

여호와께서 모세에게 말씀하여 이르시되 아론과 그의 자손이 기름 부음을 받는 날에 여호와께 드릴 예물은 이러하니라 고운 가루 십분의 일 에바를 항상 드리는 소제물로 삼아 그 절반은 아침에, 절반은 저녁에 드리되 그것을 기름으로 반죽하여 철판에 굽고 기름에 적셔 썰어서 소제로 여호와께 드려 향기로운 냄새가 되게 하라 이 소제는 아론의 자손 중 기름 부음을 받고 그를 이어 제사장된 자가 드릴 것이요 영원한 규례로 여호와께 온전히 불사를 것이니 제사장의 모든 소제물은 온전히 불사르고 먹지 말지니라

기도 요점

여호와께서 모세를 통하여 아론과 그의 자손이 기름 부음을 받는 날에 관한 규례를 말씀하셨는데, 그 날의 소제물과 그 규례의 절차는?

도움의 말

여호와께서 모세에게 말씀하여 이르시되 아론과 그의 자손이 기름 부음을 받는 날에 여호와께 드릴 예물은 이러하다 하십니다. 즉 이는 제사장직 위임 시 소제물에 관한 말씀입니다. 여기서 '기름 부음을 받는 날'이란 아론과 그의 자손이 제사장으로 임명받는 위임식 날인데, 제사장 위임식은 7일 동안 거행되었으며 그 위임식이 끝난 후 곧 기름부음을 받았습니다. 곧 고운 가루 십분의 일 에바를 항상 드리는 소제물로 삼아 그 절반은 아침에, 절반은 저녁에 드립니다. 에바 십분의 일은 약 2.3리터로서 이는 1.2되가량의 곡물 양입니다. 그 소제물을 기름으로 반죽하여 철판에 굽고 기름에 적셔 썰어서 소제로 여호와께 드려 향기로운 냄새가 되게 하라 이르십니다. 이 소제는 아론의 자손 중 기름 부음을 받고 그를 이어 제사장 된 자가 드릴 영원한 규례로서 여호와께 이를 온전히 불사릅니다. 이에 여호와께서는 제사장의 모든 소제물은 온전히 불사르고 먹지 말라 하십니다.

25

속죄제를 드리는 규례

레위기 6 : 24-30

여호와께서 모세에게 말씀하여 이르시되 아론과 그의 아들들에게 말하여 이르라 속죄제의 규례는 이러하니라 속죄제 제물은 지극히 거룩하니 여호와 앞 번제물을 잡는 곳에서 그 속죄제 제물을 잡을 것이요 죄를 위하여 제사 드리는 제사장이 그것을 먹되 곧 회막 뜰 거룩한 곳에서 먹을 것이며 그 고기에 접촉하는 모든 자는 거룩할 것이며 그 피가 어떤 옷에든지 묻었으면 묻은 그것을 거룩한 곳에서 빨 것이요 그 고기를 토기에 삶았으면 그 그릇을 깨뜨릴 것이요 유기에 삶았으면 그 그릇을 닦고 물에 씻을 것이며 제사장인 남자는 모두 그것을 먹을지니 그것은 지극히 거룩하니라 그러나 피를 가지고 회막에 들어가 성소에서 속죄하게 한 속죄제 제물의 고기는 먹지 못할지니 불사를지니라

기도 요점

여호와께서 모세에게 말씀하여 이르시되 아론과 그의 아들들에게 속죄제의 규례에 대해 말하여 이르라 하시는데, 특별히 여기서 속

죄제에서 제사장들이 지켜야 할 규례를 여호와께서 모세를 통하여 아론계열 제사상에게 이르십니다. 여호와께서 모세를 통하여 제사장께서 명하신 그 규례들 하나하나를 찬찬히 살피면서 그 절차와 그 의미를 익혀 보십시오.

도움의 말

여호와께서 모세에게 말씀하여 이르시되 아론과 그의 아들들에게 속죄제의 규례에 대해 말하여 이르라 하십니다. 속죄제는 크게 두 가지인데, 제사 절차에 따라 하나는 제사장과 온 회중을 위한 속죄제입니다. 다른 하나는 족장과 평민을 위한 속죄제입니다. 속죄제에서 제사장들이 지켜야 할 규례를 여호와께서 모세에게 이르시어 아론계열 제사상에게 이르십니다. 이는 곧 속죄제 제물은 지극히 거룩하니 여호와 앞 번제물을 잡는 곳, 번제단 북편 뜰에서 그 속죄제 제물을 잡으라 이르십니다. 죄를 속죄하기 위하여 제사 드리는 제사장이 그것을 먹되 곧 회막 뜰 거룩한 곳에서 먹습니다. 속제 제물 중 제사장이 먹을 수 있는 제물은 족장과 평민이 드린 속죄 제물인 수염소, 암염소, 암양의 여러 부위의 기름을 제외한 나머지 부분입니다. 하지만 제사장과 온 회중이 드린 수송아지 속죄제물은 온전히 불사르므로 제사장이 절대 먹을 수 없습니다. 그 고기에 접촉하는 모든 자는 거룩할 것인데, 속죄제 희생고기는 오로지 아론과 그 아들들의 몫입니다. 이들은 성소에 속하여 하나님의 거룩한 일을 위하여 구별된 이들이기 거룩한 자들입니다. 그 피가 어떤 옷에든지 묻었으면 묻은 그것을 거룩한 곳에서 빨라 이르십니다. 속죄제물을 다루며 제사를 주관하는 제사장의 옷에 그 제물의 피가 묻을 수 있습니다. 이에 그 피를 성막 내 거룩한 곳에서 씻어야 합니다. 왜냐하면, 그 피는 생명을 상징하는 대성물로서 오직 여호와 하나님께만 드려져야 되기 때문입니다. 족장과 평민의 속죄제물 중 제사장의 몫인 그 고기를 토기에 삶았으면 그 그릇을 깨뜨릴 것인데, 그 이유는 토기그릇의 흡수력으로 인하여 희생제물의 기름이나 냄새가 그 속으로 배어들기 때문입니다. 족장과 평민의 속죄제물 중 제사장의 몫인 그 고기를 유기에 삶았으면 그 그릇을 닦고 물에 씻을 것인데, 그 이유는 잘 씻으면 유기그릇은 제물의 찌꺼기나 냄새를 제거할 수 있기 때문입니다. 제사장인 남자는 모두 그것을 먹는데 그것은 지극히 거룩하다고 여호와께서 모세에게 이르십니다. 그러나 피를 가지고 회막에 들어가 성소에서 속죄하게 한 속죄제 제물의 고기는 먹지 못하고 불사르는데, 이는 제사장과 온 회중을 위한 속죄제입니다.

26
속건제를 드리는 규례

레위기 7 : 1-6

속건제의 규례는 이러하니라 이는 지극히 거룩하니 번제물을 잡는 곳에서 속건제의 번제물을 잡을 것이요 제사장은 그 피를 제단 사방에 뿌릴 것이며 그 기름을 모두 드리되 곧 그 기름진 꼬리와 내장에 덮인 기름과 두 콩팥과 그 위의 기름 곧 허리 쪽에 있는 것과 간에 덮인 꺼풀을 콩팥과 함께 떼어내고 제사장은 그것을 다 제단 위에서 불살라 여호와께 화제로 드릴 것이니 이는 속건제니라 제사장인 남자는 모두 그것을 먹되 거룩한 곳에서 먹을지니라 그것은 지극히 거룩하니라

기도 요점

여호와께서 모세에게 이르신 속건제의 규례 중 제물 드리는 일을 하는 제사장의 임무와 몫에 대한 규례를 찬찬히 읽고 그 의미를 익혀보십시오.

도움의 말

여호와께서 모세에게 이르시기를 속건제의 규례는 이러하니라 말씀하시는데, 이는 제물 드리는 일을 중심으로 제사장의 임무와 몫에 대한 말씀입니다. 이는 지극히 거룩하므로 번제물을 잡는 곳, 번제단 북편 성막 뜰에서 속건제의 번제물을 잡으라 이르십니다. 제사장은 그 피를 번제단 사방에 뿌리는데, 이는 생명의 죽음을 상징하는 희생제물의 피를 하나님 앞에 보여드림으로 제물드리는 자의 죄를 속함받기 위함입니다. 그 기름을 모두 드리는데, 곧 그 기름진 꼬리와 내장에 덮인 기름과 두 콩팥과 그 위의 기름 곧 허리 쪽에 있는 것과 간에 덮인 꺼풀을 콩팥과 함께 떼어냅니다. 제사장은 그것을 다 제단 위에서 불살라 여호와께 화제로 드릴 것인데, 이는 속건제입니다. 이같이 희생제물의 속 부분의 가장 기름진 여호와의 몫을 화제로 하나님께 불살라 드리는 것은 우리 인간이 하나님께 드려야 되는 부분이 바로 우리의 속 심령으로부터 자원하는 가장 귀한 것이어야 함을 뜻합니다. 제사장인 남자는 모두 그것을 먹는데, 여기서 제사장인 남자는 모두 아론 자손의 남자로서 이들은 하나님께 구별된 거룩한 자들이므로 여호와의 지성물을 먹을 수 있었습니다. 그들이 먹을 수 있는 부위는 여호와의 몫인 피와 기름부분을 제외한 나머지 부분입니다. 제사장인 남자 모두는 이를 거룩한 곳, 회막 뜰에서 먹습니다.

27

제사장의 분깃

레위기 7 : 7-10

속죄제와 속건제는 규례가 같으니 그 제물은 속죄하는 제사장에게로 돌아갈 것이요 사람을 위하여 번제를 드리는 제사장 곧 그 제사장은 그 드린 번제물의 가죽을 자기가 가질 것이며 화덕에 구운 소제물과 냄비에나 철판에서 만든 소제물은 모두 그 드린 제사장에게로 돌아갈 것이니 소제물은 기름 섞은 것이나 마른 것이나 모두 아론의 모든 자손이 균등하게 분배할 것이니라

기도 요점

여호와께서 모세를 통하여 제사장의 분깃을 말씀하셨는데, 속죄제와 속건제, 사람을 위하여 드리는 번제, 그리고 소제물에서 제사장의 몫은?

도움의 말

여호와께서 모세를 통하여 이르시기를 속죄제와 속건제는 규례가 같으니 그 제물은 속죄하는 제사장에게로 돌아갈 것이라 우선 말

씀하십니다. 속건제와 속죄제에서 제사장에게 돌아가는 몫과 이를 먹을 수 있는 자의 자격과 먹는 방법은 동일하지만, 족장과 평민을 위한 속죄제에서만 동일합니다. 왜냐하면 제사장과 온 회중을 위한 족죄제 희생제물은 번제단 위에서와 진 바깥에서 온전히 불태워야 되므로 제사장의 몫이 없습니다. 둘째로 사람을 위하여 번제를 드리는 제사장 곧 그 제사장은 그 드린 번제물의 가죽을 가지게 됩니다. 번제는 두 가지 종류가 있는데, 하나는 집단적인 성격의 상번제입니다. 이는 이스라엘 온 회중의 죄를 속하고 또한 그들의 헌신과 충성을 나타내는 집단적 성격의 상번제로서 매일 조석으로 드립니다. 다른 하나는 개인적 성격의 번제로서 어떤 사람이 하나님께 헌신과 봉사를 결심하고 자원하여 드리는 특별번제입니다. 셋째로 화덕에 구운 소제물과 냄비에나 철판에서 만든 소제물은 모두 그 드린 제사장에게로 돌아갑니다. 여기서 말하는 제사장의 몫은 소제물 중 한 줌 취하여 제단 위에서 여호와께 기념물로 불 살려지는 부분을 제외한 나머지 소제물입니다. 소제물은 기름 섞은 것이나 마른 것이나 모두 아론의 모든 자손이 균등하게 분배합니다. 이같이 여호와께서 제사 예물 중 제사장의 몫을 말씀하신 것은 성막에서 하나님의 일만 하는 제사장들의 생계유지를 위해서입니다. 제사장들은 그들의 몫을 거룩한 곳, 회막 뜰에서만 먹습니다.

28
화목제물을 드리는 규례

레위기 7 : 11-14

여호와께 드릴 화목제물의 규례는 이러하니라 만일 그것을 감사함으로 드리려면 기름 섞은 무교병과 기름 바른 무교전병과 고운 가루에 기름 섞어 구운 과자를 그 감사제물과 함께 드리고 또 유교병을 화목제의 감사제물과 함께 그 예물로 드리되 그 전체의 예물 중에서 하나씩 여호와께 거제로 드리고 그것을 화목제의 피를 뿌린 제사장들에게로 돌릴지니라

기도 요점

여호와께서 모세에게 화목제물을 감사함으로 드리는 규례를 말씀하신 것을 찬찬히 읽으면서 그 규례와 의미를 찬찬히 살펴보십시오.

도움의 말

여호와께서 모세에게 화목제물의 규례를 말씀하십니다. 화목제는 화목제물을 드리는 사람이 하나님과 화평 및 화목을 누리고, 또한

이웃 상호 간의 친교 및 친목을 위하여 드리는 제사입니다. 만일 화목제물을 감사함으로 드리려면 기름 섞은 무교병과 기름 바른 무교전병과 고운 가루에 기름 섞어 구운 과자를 그 감사제물과 함께 드립니다. 여기서 '그 감사제물'은 화목제의 감사 희생으로 제사 드리는 사람의 생활형편에 따라 흠 없는 소나 양, 혹은 염소 중에 하나를 드렸습니다. 그리고 유교병을 화목제의 감사제물과 함께 그 예물로 드리되 그 전체의 예물 중에서 하나씩 여호와께 거제로 드립니다. 이처럼 화목제는 다른 제사에서 금지된 누룩을 넣은 유교병을 제사 예물로 사용하는데, 이는 화목제는 친교와 화평을 위한 공동 식사규례가 있기에 축제적 특성이 있기 때문인 것으로 봅니다. 또한 '그 전체의 예물'은 기름 섞은 무교병과 기름 바른 무교전병과 고운 가루에 기름 섞어 구운 과자를 가리키는데, 제사장은 이 예물들 중 하나씩 예물로 취하여 여호와께 거제로 드립니다. 여기서 거제는 여호와의 제단 앞에서 그 희생제물을 상하로 올렸다 내리는 제사방법입니다. 또한 거제로 드려진 소제 예물들은 당시 화목제 제사를 수행한 그 제사장의 개인 몫으로 줍니다.

29

화목제 희생의 고기에 관한 규례

레위기 7 : 15-21

감사함으로 드리는 화목제물의 고기는 드리는 그 날에 먹을 것이요 조금이라도 이튿날 아침까지 두지 말 것이니라 그러나 그의 예물의 제물이 서원이나 자원하는 것이면 그 제물을 드린 날에 먹을 것이요 그 남은 것은 이튿날에도 먹되 그 제물의 고기가 셋째 날까지 남았으면 불사를지니 만일 그 화목제물의 고기를 셋째 날에 조금이라도 먹으면 그 제사는 기쁘게 받아들여지지 않을 것이라 드린 자에게도 예물답게 되지 못하고 도리어 가증한 것이 될 것이며 그것을 먹는 자는 그 죄를 짊어지리라 그 고기가 부정한 물건에 접촉되었으면 먹지 말고 불사를 것이라 그 고기는 깨끗한 자만 먹을 것이니 만일 몸이 부정한 자가 여호와께 속한 화목제물의 고기를 먹으면 그 사람은 자기 백성 중에서 끊어질 것이요 만일 누구든지 부정한 것 곧 사람의 부정이나 부정한 짐승이나 부정하고 가증한 무슨 물건을 만지고 여호와께 속한 화목제물의 고기를 먹으면 그 사람도 자기 백성 중에서 끊어지리라

피와 기름은 먹지 말라

기도 요점

여호와께서 모세에게 이르신 화목제 희생의 고기에 관한 규례를
찬찬히 읽고 또한 그 의미를 살펴보십시오.

도움의 말

감사함으로 드리는 화목제물의 고기는 제사하는 그 날에 먹습니
다. 조금이라도 이튿날 아침까지 두지 말아야 됩니다. 그러나 그
의 예물의 제물이 감사함으로 드리는 것이 아니라 서원이나 자원
하는 것이면 그 제물을 드린 날에 먹을 것이요 그 남은 것은 이튿
날에도 먹을 수 있습니다. 이같이 그 제물을 먹는다는 것은 하나
님과 안간 사이 그리고 인간 상호간 화평과 친교의 사랑을 나누는
것을 의미합니다. 그러나 서원이나 자원하는 그 제사의 제물의 고
기가 셋째 날까지 남았으면 불사릅니다. 이는 여호와께 드려진 성
물이 부패되도록 방치하는 것은 여호와의 거룩성을 무시하는 행
위이기 때문입니다. 그러므로 만일 그 화목제물의 고기를 셋째 날
에 조금이라도 먹으면 그 제사는 기쁘게 받아들여지지 않습니다.
동시에 그 제사를 드린 자에게도 예물답게 되지 못하고 도리어 가
증한 것이 됩니다. 이에 그것을 먹는 자는 그 죄를 짊어지게 됩니
다. 화목제의 공동식사는 죄 용서를 받아 그 기쁨을 여호와와 이
웃이 함께 나누는 축제이므로 하나님께서 그 화목제물의 고기를

셋째 날에 조금이라도 먹지 말라는 말씀을 거역하고 이를 먹게 되면, 이는 하나님을 거역하는 행위입니다. 그러니 이는 하나님 앞에서 범죄행위입니다. 또한 그 고기가 부정한 물건, 곧 벌레나 시체 등에 접촉되었으면 먹지 말고 불사르는데, 그 이유는 그 고기는 깨끗한 자만 먹을 수 있기 때문입니다. 만일 몸이 부정한 자, 즉 문둥병자, 유출병자, 설정한 자, 월경하는 자, 시체에 접촉된 자가 여호와께 속한 화목제물의 고기를 먹으면 그 사람은 자기 백성 중에서 끊어집니다. 또한 만일 누구든지 부정한 것 곧 사람의 부정이나 부정한 짐승이나 부정하고 가증한 무슨 물건을 만지고 여호와께 속한 화목제물의 고기를 먹으면 그 사람도 자기 백성 중에서 끊어집니다.

30
기름과 피의 식용금지규례

레위기 7 : 22-27

여호와께서 모세에게 말씀하여 이르시되 이스라엘 자손에게 말하여 이르라 너희는 소나 양이나 염소의 기름을 먹지 말 것이요 스스로 죽은 것의 기름이나 짐승에게 찢긴 것의 기름은 다른 데는 쓰려니와 결단코 먹지는 말지니라 사람이 여호와께 화제로 드리는 제물의 기름을 먹으면 그 먹는 자는 자기 백성 중에서 끊어지리라 너희가 사는 모든 곳에서 새나 짐승의 피나 무슨 피든지 먹지 말라 무슨 피든지 먹는 사람이 있으면 그 사람은 다 자기 백성 중에서 끊어지리라

기도 요점

여호와께서 모세에게 말씀하여 이르시되 이스라엘 자손에게 기름과 피의 식용금지규례에 관하여 말하여 이르라 하시는데, 여호와께서 이스라엘자손에게 기름과 피를 먹지 말라 하신 까닭은?

도움의 말

여호와께서 모세에게 말씀하여 이르시되 이스라엘 자손에게 기름과 피의 식용금지에 관하여 말하여 이르라 하십니다. 여호와께서 이스라엘 자손에게 너희는 소나 양이나 염소의 기름을 먹지 말라 이르십니다. 사실 희생제사의 짐승 중 기름은 모든 제사에 있어서 여호와의 몫으로서 이는 제단 위에서 온전히 불살라졌어야 했습니다. 그러나 스스로 죽은 것의 기름이나 짐승에게 찢긴 것의 기름은 다른 데, 즉 등잔 기름용과 같이 일반용도로 사용되지만 결단코 먹지는 말라 이르십니다. 또한 사람이 여호와께 화제로 드리는 제물의 기름을 먹으면 그 먹는 자는 자기 백성 중에서 끊어집니다. 이는 이를 먹는 사람은 하나님의 주권을 침해한 자로 간주되어 하나님과의 언약관계 아래 있는 복된 공동체 이스라엘로부터 단절된다는 것을 의미합니다. 짐승의 기름뿐만 아니라 여호와께서 이스라엘 자손에게 너희가 사는 모든 곳에서 새나 짐승의 피나 무슨 피든지 먹지 말라 이르십니다. 여호와께서 무슨 피든지 먹는 사람이 있으면 그 사람은 다 자기 백성 중에서 끊어지리라 이르십니다. 이같이 기름과 피는 구약시대 제사법상 오직 여호와께만 속하였기에 인간이 이를 먹을 수 없었습니다.

31

화목제물 중에서 여호와의 몫과 제사장의 몫

레위기 7 : 28-34

여호와께서 모세에게 말씀하여 이르시되 이스라엘 자손에게 말하여 이르라 화목제물을 여호와께 드리려는 자는 그 화목제물 중에서 그의 예물을 여호와께 가져오되 여호와의 화제물은 그 사람이 자기 손으로 가져올지니 곧 그 제물의 기름과 가슴을 가져올 것이요 제사장은 그 가슴을 여호와 앞에 흔들어 요제를 삼고 그 기름은 제단 위에서 불사를 것이며 가슴은 아론과 그의 자손에게 돌릴 것이며 또 너희는 그 화목제물의 오른쪽 뒷다리를 제사장에게 주어 거제를 삼을지니 아론의 자손 중에서 화목제물의 피와 기름을 드리는 자는 그 오른쪽 뒷다리를 자기의 소득으로 삼을 것이니라 내가 이스라엘 자손의 화목제물 중에서 그 흔든 가슴과 든 뒷다리를 가져다가 제사장 아론과 그의 자손에게 주었나니 이는 이스라엘 자손에게서 받을 영원한 소득이니라

기도 요점

여호와께서 모세를 통하여 이스라엘자손에 말씀하신 화목제물 가

운데 여호와의 몫과 제사장의 몫은?

도움의 말

여호와께서 모세에게 말씀하여 이르시되 이스라엘 자손에게 화목제물 중에서 여호와의 몫과 제사장의 몫에 대하여 말하여 이르라 하십니다. 화목제물을 여호와께 드리려는 자는 그 화목제물 중에서 그의 예물을 여호와께 가져오되 여호와의 화제물은 그 사람이 자기 손으로 가져오는데, 이는 곧 그 제물의 기름과 가슴입니다. 제사장은 그 가슴을 여호와 앞에 흔들어 요제를 삼고 그 기름은 제단 위에서 불사릅니다. 여기서 요제란 제사장이 자신의 양 손 위에 제물을 올려놓고 제단 앞에서 전후로 수평 되게 흔드는 제사 방법을 의미합니다. 여기서 여호와의 몫은 번제단 위에서 화제로 불살라지는 그 기름입니다. 그러나 여호와께 요제로 드렸던 그 가슴은 아론과 그의 자손에게 그들의 몫, 곧 제사장의 몫으로 돌립니다. 또 너희는 그 화목제물의 오른쪽 뒷다리를 제사장에게 주어 거제를 삼는데, 여기서 거제란 그 제물의 우편 뒷다리를 제사장이 양손으로 잡고 이를 상하로 높이 들어 올렸다가 다시 아래로 내리는 제사방법입니다. 아론의 자손 중에서 그 화목제물의 피와 기름을 드리는 자는 그 오른쪽 뒷다리를 자기의 소득으로 삼습니다. 이같이 여호와께서 이스라엘 자손의 화목제물 중에서 그 흔든 가슴과 든 뒷다리를 가져다가 제사장 아론과 그의 자손의 몫으로 주셨는데, 이는 이스라엘 자손에게서 받을 영원한 소득입니다. 이와 같이하여 제사장들은 생계에 대한 우려 없이 오로지 하나님을 섬기는 일에 전념할 수 있었습니다.

_____

_____

_____

_____

32

영원한 제사규례

레위기 7 : 35-38

이는 여호와의 화제물 중에서 아론에게 돌릴 것과 그의 아들들에게 돌릴 것이니 그들을 세워 여호와의 제사장의 직분을 행하게 한 날 곧 그들에게 기름 부은 날에 여호와께서 명령하사 이스라엘 자손 중에서 그들에게 돌리게 하신 것이라 대대로 영원히 받을 소득이니라 이는 번제와 소제와 속죄제와 속건제와 위임식과 화목제의 규례라 여호와께서 시내 광야에서 이스라엘 자손에게 그 예물을 여호와께 드리라 명령하신 날에 시내 산에서 이같이 모세에게 명령하셨더라

기도 요점

여호와께서 시내 광야에서 이스라엘 자손에게 그 예물을 여호와께 드리라 명령하신 날에 시내 산에서 모세에게 영원한 제사규례를 명하셨는데, 여기서 말하는 영원한 제사규례란?

도움의 말

여호와께서 시내 광야에서 이스라엘 자손에게 그 예물을 여호와께 드리라 명령하신 날에 시내 산에서 모세에게 이같이 영원한 제사규례를 명하셨습니다. 즉 이는 여호와의 화제물 중에서 아론에게 돌릴 것과 그의 아들들에게 돌리는 것으로서 그들을 세워 여호와의 제사장의 직분을 행하게 한 날 곧 그들에게 기름 부은 날에 여호와께서 명령하신 것입니다. 이 같은 제사장의 위임식은 7일간 계속되며, 제 8일 째 기름부음을 받습니다. 이와 같이하여 그날부터 제사장들은, 곧 아론과 그의 아들들은 모세가 담당하였던 종교적 임무를 계승하여 하나님과 이스라엘 백성 사이에 중보자로서의 직무를 수행합니다. 또한 이 날부터 제사장들은 여호와께서 말씀하신 그들의 몫을 취할 수 있습니다. 이는 여호와께서 이스라엘 자손 중에서 그들에게 돌리게 하신 것으로서 대대로 영원히 받을 소득입니다. 그리고 이는 또한 번제와 소제와 속죄제와 속건제와 위임식과 화목제의 규례입니다.

33

아론과 그의 아들들의 제사장 위임식 준비

레위기 8 : 1-9

여호와께서 모세에게 말씀하여 이르시되 너는 아론과 그의 아들들과 함께 그 의복과 관유와 속죄제의 수송아지와 숫양 두 마리와 무교병 한 광주리를 가지고 온 회중을 회막 문에 모으라 모세가 여호와께서 자기에게 명령하신 대로 하매 회중이 회막 문에 모인지라 모세가 회중에게 이르되 여호와께서 행하라고 명령하신 것이 이러하니라 하고 모세가 아론과 그의 아들들을 데려다가 물로 그들을 씻기고 아론에게 속옷을 입히며 띠를 띠우고 겉옷을 입히며 에봇을 걸쳐 입히고 에봇의 장식 띠를 띠워서 에봇을 몸에 매고 흉패를 붙이고 흉패에 우림과 둠밈을 넣고 그의 머리에 관을 씌우고 그 관 위 전면에 금 패를 붙이니 곧 거룩한 관이라 여호와께서 모세에게 명령하신 것과 같았더라

기도 요점

여호와께서 모세에게 말씀하여 이르시기를 너는 아론과 그의 아들들과 함께 그 의복과 관유와 속죄제의 수송아지와 숫양 두 마리

와 무교병 한 광주리를 가지고 온 회중을 회막 문에 모으라 하시니 모세가 여호와께서 명령하신 대로 하매 회중이 회막 문에 모인지라 이에 모세가 회중에게 이르되 여호와께서 행하라고 명령하신 것이 이러하니라 하고 그가 제사장의 위임식 준비를 하는데, 그 준비의 과정은?

도움의 말

여호와께서 모세에게 말씀하여 이르시되 너는 아론과 그의 아들들과 함께 그 의복과 관유와 속죄제의 수송아지와 숫양 두 마리와 무교병 한 광주리를 가지고 온 회중을 회막 문에 모으라 합니다. 이에 모세가 여호와께서 자기에게 명령하신 대로 함으로써 회중이 회막 문에 모입니다. 이에 모세가 여호와께서 그에게 제사장의 위임식 준비를 위하여 행하라고 명령하신 것 다섯 가지를 행합니다. 첫째는 모세가 아론과 그의 아들들을 데려다가 성소와 번제단 사이에 있는 물두멍의 물로 그들의 손과 발 그리고 온 몸 전체를 깨끗이 씻깁니다. 둘째는 아론에게 속옷을 입히는데, 이는 하얀 베실로 짜서 만든 옷으로서 겉옷 안쪽에 띠로 묶어 입힙니다. 겉옷은 에봇 안쪽에 받쳐 입는 옷으로서 청색 세마포로 만들어집니다. 셋째는 에봇을 걸쳐 입힙니다. 에봇은 소매가 없는 긴 조끼나 앞치마 모양 같으며 금실, 청색, 자색, 홍색실과 가늘게 꼰 하얀 베실 등 다섯 가지 색상의 실로 만든 대제사장의 가장 아름다운 옷입니다. 그리고 청색, 자색, 홍색실과 가늘게 꼰 베실로 만든 에봇의 장식 띠를 띠워서 에봇을 몸에 맵니다. 대제사장은 이 띠를 허리에 두서 번 두른 후에 묶고 무릎까지 늘어뜨립니다. 넷째는 흉패를 붙입니다. 흉패는 가로, 세로의 크기가 약 한 뼘 정도의 정사각형 모양의 천으로서 이는 금색, 청색, 자색, 홍색, 흰색의 가는 실로 두 겹으로 짜 만듭니다. 이 천 위에는 이스라엘 12지파의 이름이 각각 새겨진 12개의 보석이 박혀 있으며 이 천 안쪽에는 우림과 둠밈이 보관되어 있습니다. 우림은 빛들이란 뜻이며, 둠밈은 완전함이란 뜻입니다. 우림과 둠밈은 작은 돌이나 보석으로 만든 주사위 모양과 같은데, 이것들은 큰 재판과 국가의 중대사를 결정할 때 하나님의 뜻을 묻기 위하여 사용된 일종의 신탁제비도구였습니다. 다섯째는 그의 머리에 하얀 세마포 베실로 만들어진 원추형 모양의 관을 씌우고 그 관 위 전면에 정금으로 만들어진 금패를 붙이니 곧 거룩한 관입니다. 이 금패에는 '여호와께 성결'이라는 글자가 새겨져 있는데, 그 까닭은 제사장이 드리는 제물이 거룩한 상태로 여호와께 드려지기를 원했기 때문입니다. 이런 의미의 금패가 붙어 있는 대제사장의 관은 거룩한 관입니다.

34
기름부음의 예식

레위기 8 : 10-13

모세가 관유를 가져다가 성막과 그 안에 있는 모든 것에 발라 거룩하게 하고 또 제단에 일곱 번 뿌리고 또 그 제단과 그 모든 기구와 물두멍과 그 받침에 발라 거룩하게 하고 또 관유를 아론의 머리에 붓고 그에게 발라 거룩하게 하고 모세가 또 아론의 아들들을 데려다가 그들에게 속옷을 입히고 띠를 띠우며 관을 씌웠으니 여호와께서 모세에게 명령하신 것과 같았더라

기도 요점

여호와께서 모세에게 명령하신 것과 같이 그가 관유를 가져다가 성막과 그 안에 있는 모든 것에 발라 거룩하게 하고 또 제단에 일곱 번 뿌리고 또 그 제단과 그 모든 기구와 물두멍과 그 받침에 발라 거룩하게 하는데, 이 예식이 의미하는 바는? 또 관유를 아론의 머리에 붓고 그에게 발라 거룩하게 하는데, 이 예식이 의미하는 바는?

도움의 말

모세가 거룩한 용도에 사용하려 특별히 제조된 향기 나는 기름인 관유를 가져다가 성막과 그 안에 있는 모든 것에 발라 거룩하게 합니다. 이는 성막과 그 안에 있는 모든 것을 하나님의 거룩한 용도로 정결하게 하는 의식입니다. 모세가 또 제단에 관유를 일곱 번 뿌립니다. 이처럼 속죄를 위해 모든 희생제물이 불태워질 번제단에 관유를 일곱 번 뿌리는 것은 하나님께 인정되고 또한 구별되었음을 나타내는 의식입니다. 또 그 제단과 그 모든 기구 및 제사 수행 전후에 제사장이 손과 발을 씻도록 언제나 물이 담겨 있는 큰 세수 대야인 물두멍과 그 받침에 관유를 발라 거룩하게 합니다. 또 모세가 관유를 아론의 머리에 붓고 그에게 발라 거룩하게 하는데, 이는 그에게 신적 사명과 권위를 부여하여 그로 하여금 하나님의 일을 공식적으로 수행하도록 하는 임직의 의미가 있습니다. 여호와께서 모세에게 명령하신 것과 같이 그는 또 아론의 아들들을 데려다가 그들에게 속옷을 입히고 띠를 띠우며 관을 씌웠습니다. 이는 일반 제사장들이 기본으로 입는 공식복장인데, 이는 모세가 여호와께서 그에게 명령하신 것과 같았습니다.

35

제사장 위임식 속죄제

레위기 8 : 14-17

모세가 또 속죄제의 수송아지를 끌어오니 아론과 그의 아들들이 그 속죄제의 수송아지 머리에 안수하매모세가 잡고 그 피를 가져다가 손가락으로 그 피를 제단의 네 귀퉁이 뿔에 발라 제단을 깨끗하게 하고 그 피는 제단 밑에 쏟아 제단을 속하여 거룩하게 하고 또 내장에 덮인 모든 기름과 간 꺼풀과 두 콩팥과 그 기름을 가져다가 모세가 제단 위에 불사르고 그 수송아지 곧 그 가죽과 고기와 똥은 진영 밖에서 불살랐으니 여호와께서 모세에게 명령하심과 같았더라

기도 요점

여호와께서 모세에게 명령하신 제사장 위임식 속죄제 의식과 그 의미를 찬찬히 살펴보십시오.

도움의 말

모세가 또 속죄제의 수송아지를 끌어옵니다. 제사장 위임식을 위

한 속죄제 희생제물은 대제사장과 온 회중을 위한 속죄제처럼 수송아지입니다. 모세가 백성들에 의하여 준비된 수송아지를 끌고 오니 아론과 그의 아들들이 그 속죄제의 수송아지 머리에 안수합니다. 이는 제사장 자신의 죄를 그 속죄제의 수송아지에게 전가시킴으로써 하나님과 이스라엘 백성 사이의 중재자로서 흠이 없이 성결을 유지하는 의식입니다. 모세가 잡고 그 피를 가져다가 손가락으로 제단의 네 귀퉁이 뿔에 발라 제단을 깨끗하게 하는데, 그 이유는 아론과 그의 자손들의 제사장 위임식이 끝나기 전이기 때문에 모세가 대신 제사장의 직무를 수행한 것입니다. 그렇지만 이 위임식이 끝나면 하나님과 이스라엘 사이의 중재자로서의 희생제물을 잡아 드리는 제사장의 직분은 아론과 그의 후손에게 넘겨집니다. 이미 관유로 거룩하게 된 번제단을 모세가 또 다시 희생제물의 피로 깨끗하게 하는데, 이는 번제단과 함께 하나님과 영속적인 친교를 누려야 하는 제사장의 죄의 본성을 제거하기 위한 의식입니다. 그 피는 제단 밑에 쏟아 제단을 속하여 거룩하게 하는데, 이는 제단과 관련하여 제사 임무 수행 중 저지를 수 있는 모든 죄악을 피로서 속하는 의식이며, 또한 제사장들로 말미암아 제단에 드리는 모든 제사가 여호와께 거룩하게 열납 되도록 하는 의식입니다. 또 내장에 덮인 모든 기름과 간 꺼풀과 두 콩팥과 그 기름을 가져다가 모세가 제단 위에 불사릅니다. 이는 여호와 앞에 향기로운 냄새가 되도록 하기 위한 것으로서 우리 인간이 하나님께 바쳐야 되는 부분은 우리의 속 심령으로부터 우러나오는 것임을 드러내는 의식입니다. 그리고 수송아지 곧 그 가죽과 고기와 똥은 진영 밖에서 불살랐으니 이는 여호와께서 모세에게 명령하심과 같았습니다.

36

위임식 번제

레위기 8 : 18-21

또 번제의 숫양을 드릴새 아론과 그의 아들들이 그 숫양의 머리에 안수하매 모세가 잡아 그 피를 제단 사방에 뿌리고 그 숫양의 각을 뜨고 모세가 그 머리와 각 뜬 것과 기름을 불사르고 물로 내장과 정강이들을 씻고 모세가 그 숫양의 전부를 제단 위에서 불사르니 이는 향기로운 냄새를 위하여 드리는 번제로 여호와께 드리는 화제라 여호와께서 모세에게 명령하심과 같았더라

기도 요점

여호와께서 모세에게 말씀하신 위임식 번제 과정과 그 의미을 찬찬히 살펴보십시오.

도움의 말

일반 번제는 생활형편에 따라서 그 예물이 수소나 수염소 혹은 수양이나 비둘기 등이 사용되었으나 제사장 위임식 번제에는 숫양을 드립니다. 아론과 그의 아들들이 그 숫양의 머리에 안수하는

데, 이는 그들의 죄를 그 희생제물에게 전가하는 의식입니다. 모세가 그 제물을 잡아 그 피를 제단 사방에 뿌리는데, 이 같은 피 뿌림은 하나님으로부터 사죄 및 회복과 친교의 은총이 임함을 의미합니다. 또한 모세가 그 숫양의 각을 뜨는데, 이는 희생제물의 각 부위가 불에 잘 타도록 하기 위함이며, 또한 그 제물의 모든 부위를 모두 하나님께 드린다는 전적인 헌신을 의미합니다. 모세가 그 머리와 각 뜬 것과 기름을 불사릅니다. 그리고 물로 내장과 정강이들을 씻는데, 이는 내장 안에 있는 음식물이 남아 있기 때문이며, 정강이는 지면과 계속 접촉하여 더러운 상태에 있기 때문입니다. 이 모든 것, 즉 그 숫양의 전부를 모세가 제단 위에서 불사르니 이는 향기로운 냄새를 위하여 드리는 번제로 여호와께 드리는 화제인데, 이는 희생제물이 여호와께 열납 됨으로써 죄로 인한 하나님의 진노가 멈추고 이제 안정되고 평화로운 안식의 상태가 되었음 의미합니다. 이는 여호와께서 모세에게 명령하심과 같았습니다.

37
위임식 화목제

레위기 8 : 22-29

또 다른 숫양 곧 위임식의 숫양을 드릴새 아론과 그의 아들들이 그 숫양의 머리에 안수하매 모세가 잡고 그 피를 가져다가 아론의 오른쪽 귓부리와 그의 오른쪽 엄지 손가락과 그의 오른쪽 엄지 발가락에 바르고 아론의 아들들을 데려다가 모세가 그 오른쪽 귓부리와 그들의 손의 오른쪽 엄지 손가락과 그들의 발의 오른쪽 엄지 발가락에 그 피를 바르고 또 모세가 그 피를 제단 사방에 뿌리고 그가 또 그 기름과 기름진 꼬리와 내장에 덮인 모든 기름과 간 꺼풀과 두 콩팥과 그 기름과 오른쪽 뒷다리를 떼어내고 여호와 앞 무교병 광주리에서 무교병 한 개와 기름 섞은 떡 한 개와 전병 한 개를 가져다가 그 기름 위에와 오른쪽 뒷다리 위에 놓아 그 전부를 아론의 손과 그의 아들들의 손에 두어 여호와 앞에 흔들어 요제를 삼게 하고 모세가 그것을 그들의 손에서 가져다가 제단 위에 있는 번제물 위에 불사르니 이는 향기로운 냄새를 위하여 드리는 위임식 제사로 여호와께 드리는 화제라 이에 모세가 그 가슴을 가져다가 여호와 앞에 흔들어 요제를 삼았으니 이는 위임식에서 잡은 숫양 중

모세의 몫이라 여호와께서 모세에게 명령하심과 같았더라

기도 요점

여호와께서 모세에게 명령하신 제사장의 위임식 화목제 과정과 그 으미를 찬찬히 살펴보십시오.

도움의 말

또 다른 숫양 곧 위임식의 숫양을 드릴 때 아론과 그의 아들들이 그 숫양의 머리에 안수합니다. 여기서 또 다른 숫양이란 백성이 제사장 위임식을 위하여 준비한 두 마리 수양 중에 한 마리는 위임식 번제 시 드렸고, 그 나머지 하나가 위임식용 화목제 제물입니다. 번제 때와 마찬가지로 화목제에서도 위임받는 아론과 그의 아들들이 그 숫양 머리에 안수함으로써 그들의 죄를 전가하는 의식을 합니다. 모세가 그 위임식 제물을 잡고 그 피를 가져다가 아론의 오른쪽 귓부리와 그의 오른쪽 엄지손가락과 그의 오른쪽 엄지발가락에 바릅니다. 그리고 아론의 아들들을 데려다가 모세가 그 오른쪽 귓부리와 그들의 손의 오른쪽 엄지손가락과 그들의 발의 오른쪽 엄지 발가락에 그 피를 바릅니다. 제사장들의 이 세 부위, 즉 오른쪽 귓부리, 오른쪽 엄지손가락, 그리고 오른쪽 엄지발가락에 피를 바르는 것은 하나님 앞에서 봉사하는 그들의 듣고,

행하고, 움직이는 것 모두를 성별시키는 의식입니다.. 또 모세가 그 피를 제단 사방에 뿌리는데, 이는 번제단을 정결하게 성별하는 의식이지만 이는 또한 제사장의 죄를 속죄시키는 의식입니다. 또 모세가 여러 기름부분과 콩팥 부분을 화제로 불살라 드리는 일반 화목제와 달리 제사장의 위임식 화목제에서 그 기름과 기름진 꼬리와 내장에 덮인 모든 기름과 간 꺼풀과 두 콩팥과 그 기름과 오른쪽 뒷다리를 떼어내고, 여호와 앞 무교병 광주리에서 무교병 한 개와 기름 섞은 떡 한 개와 전병 한 개를 가져다가 그 기름 위에와 오른쪽 뒷다리 위에 놓아 그 전부를 아론의 손과 그의 아들들의 손에 두어 여호와 앞에 흔들어 요제를 삼게 합니다. 이는 모세가 아론과 그의 아들들의 손에 제사 예물을 채워준 것을 의미하는데, 이로써 이제 아론과 그의 아들들이 여호께 제사를 직접 드릴 수 있는 자로 위임받게 됩니다. 그리고 난 후 모세가 그것을 그들의 손에서 가져다가 제단 위에 있는 번제물 위에 불사르니 이는 향기로운 냄새를 위하여 드리는 위임식 제사로 여호와께 드리는 화제입니다. 이에 모세가 그 가슴을 가져다가 여호와 앞에 흔들어 요제를 삼았으니 이는 위임식에서 잡은 숫양 중 모세의 몫입니다. 이와 같이 여호와께서 모세에게 명령하심과 같았습니다.

38
7일간의 제사장 위임식

레위기 8 : 30-36

모세가 관유와 제단 위의 피를 가져다가 아론과 그의 옷과 그의 아들들과 그의 아들들의 옷에 뿌려서 아론과 그의 옷과 그의 아들들과 그의 아들들의 옷을 거룩하게 하고 모세가 아론과 그의 아들들에게 이르되 내게 이미 명령하시기를 아론과 그의 아들들은 먹으라 하셨은즉 너희는 회막 문에서 그 고기를 삶아 위임식 광주리 안의 떡과 아울러 그 곳에서 먹고 고기와 떡의 나머지는 불사를지며 위임식은 이레 동안 행하나니 위임식이 끝나는 날까지 이레 동안은 회막 문에 나가지 말라 오늘 행한 것은 여호와께서 너희를 위하여 속죄하게 하시려고 명령하신 것이니 너희는 칠 주야를 회막 문에 머물면서 여호와께서 지키라고 하신 것을 지키라 그리하면 사망을 면하리라 내가 이같이 명령을 받았느니라 아론과 그의 아들들이 여호와께서 모세를 통하여 명령하신 모든 일을 준행하니라

기도 요점

여호와께서 모세에게 7일간의 제사장 위임식 의식의 과정과 그 의미를 찬찬히 살펴보십시오.

도움의 말

모세가 관유와 제단 위의 피를 가져다가 아론과 그의 옷과 그의 아들들과 그의 아들들의 옷에 뿌려서 아론과 그의 옷과 그의 아들들과 그의 아들들의 옷을 거룩하게 합니다. 여기서 관유와 제단 위의 피란 성물을 성별하는데 사용되는 거룩한 관유와 희생제물의 피를 섞어 만든 피 섞인 기름입니다. 이를 모세가 제사장 위임식에 임하는 아론과 그의 아들들의 옷에 뿌리는 것은 그들이 피의 능력으로 죄 사함 받고, 기름의 능력으로 거룩하게 성별되어 하나님 앞에서 온전히 헌신된 자로 인정되어 제사 직임을 감당할 수 있게 하는 의식입니다. 이어 모세가 아론과 그의 아들들에게 이르되 여호와께서 내게 이미 명령하시기를 아론과 그의 아들들은 먹으라 하셨은즉 너희는 회막 문에서 그 고기를 삶아 위임식 광주리 안의 떡과 아울러 그 곳에서 먹고 고기와 떡의 나머지는 불사르라 명합니다. 그들이 먹을 수 있는 지성물은 위임식 화목제용 수양의 고기 중 번제단 위에서 화제로 여호와께 불살라지는 여러 기름 부위와 콩팥 부분 과 우편 뒷다리와 모세에게 돌려진 가슴부위를 제외한 고기입니다. 위임식은 이레 동안 행하나니 위임식이 끝나는 날까지 이레 동안은 회막 문에 나가지 않습니다. 오늘 행한 것은 여호와께서 너희를 위하여 속죄하게 하시려고 명령하신 것이니 너희는 칠 주야를 회막 문에 머물면서 여호와께서 지키라고 하신 것을 지키라 그리하면 사망을 면하리라고 모세가 말합니다. 모세가 아론과 그의 아들들에게 내가 이같이 명령을 받았느니라 하니 이에 아론과 그의 아들들이 여호와께서 모세를 통하여 명령하신 모든 일을 준행합니다.

39

아론이 첫 제사를 드리다

레위기 9 : 1-7 (2월 6일)

여덟째 날에 모세가 아론과 그의 아들들과 이스라엘 장로들을 불러다가 아론에게 이르되 속죄제를 위하여 흠 없는 송아지를 가져오고 번제를 위하여 흠 없는 숫양을 여호와 앞에 가져다 드리고 이스라엘 자손에게 말하여 이르기를 너희는 속죄제를 위하여 숫염소를 가져오고 또 번제를 위하여 일 년 되고 흠 없는 송아지와 어린 양을 가져오고 또 화목제를 위하여 여호와 앞에 드릴 수소와 숫양을 가져오고 또 기름 섞은 소제물을 가져오라 하라 오늘 여호와께서 너희에게 나타나실 것임이니라 하매 그들이 모세가 명령한 모든 것을 회막 앞으로 가져오고 온 회중이 나아와 여호와 앞에 선지라 모세가 이르되 이는 여호와께서 너희에게 하라고 명령하신 것이니 여호와의 영광이 너희에게 나타나리라 모세가 또 아론에게 이르되 너는 제단에 나아가 네 속죄제와 네 번제를 드려서 너를 위하여, 백성을 위하여 속죄하고 또 백성의 예물을 드려서 그들을 위하여 속죄하되 여호와의 명령대로 하라

기도 요점

여덟째 날에 모세가 아론과 그의 아들들과 이스라엘 장로들을 불러다가 아론에게 일러서 그가 여호와의 명령대로 첫 제사를 드리는 과정과 그 의미를 찬찬히 살펴보십시오.

도움의 말

여덟째 날에 모세가 아론과 그의 아들들과 이스라엘 장로들을 불러다가 아론에게 이릅니다. 이 날은 아론이 제사장으로 임명 받은 후 그 직을 수행하는 첫날입니다. 이 날에 이스라엘 장로들까지 모세가 부른 것은 그들이 이스라엘 각 지파의 대표자들로서 각 지파의 예물을 가져오는 일을 수행하기 때문이며 동시에 그들이 아론의 제사장직의 공적 증인이 되도록 하는데 있습니다. 모세가 아론에게 이른 것은 다섯 가지입니다. 첫째는 속죄제를 위하여 흠 없는 송아지를 가져오고 또 번제를 위하여 흠 없는 숫양을 여호와 앞에 가져다 드리라는 것입니다. 아론은 위임식 7일 기간 동안 매일 속죄제, 번제 화목제를 드렸지만 그럼에도 불구하고 그가 제사장 직무를 직접 수행하기 전에 자신을 위한 속죄제와 번제를 여호와 앞, 즉 회막 문 앞 번제 단 위에서 드려야 했습니다. 둘째는 이스라엘 자손에게 말하여 이르기를 너희는 속죄제를 위하여 숫염소를 가져오고 또 번제를 위하여 일 년 되고 흠 없는 송아지와 어린 양을 가져 오라는 것입니다. 이는 이스라엘 백성 전체를 위한 속죄제, 번제, 화목제, 소제를 드려야 함을 뜻하는데, 그 목적은 이스라엘 백성과 하나님 사이를 막는 그들의 죄악을 제하려는데 있습니다. 모세가 이 규례를 이스라엘 각 지파의 장로들에게 이르렀는데, 그 이유는 그들이 곧 각 지파의 대표이므로 그들에게 말한 것은 바로 이스라엘백성 전체에게 말한 것과 같기 때문입니다. 셋째는 또 화목제를 위하여 여호와 앞에 드릴 수소와 숫양을 가져오고 또 기름 섞은 소제물, 곧 기름 넣어 만든 무교병과 무교전병을 가져오라 하라 이릅니다. 이어 모세가 아론에게 오늘 여호와께서 너희에게 나타나실 것임이니라 하니 그들이 모세가 명령한 모든 것을 회막 앞으로 가져오고 온 회중이 나아와 여호와 앞에 섭니다. 이에 모세가 이르되 이는 여호와께서 너희에게 하라고 명령하신 것이니 여호와의 영광이 너희에게 나타나리라 합니다. 모세가 또 아론에게 이르되 너는 제단에 나아가 네 속죄제와 네 번제를 드려서 너를 위하여, 또 백성을 위하여 속죄하라 이르는데, 이는 제사장을 위한 속죄제와 번제는 제사장들의 죄를 속하며 또한 백성들의 죄까지도 속하는 효과가 있다는 뜻입니다. 모세가 아론에게 또 백성의 예물을 드려서 그들을 위하여 속죄하되 여호와의 명령대로 하라 이릅니다. 이와 같이하여 아론이 위임식 후 바로 다음 날, 곧 여덟째 날에 여호와 앞에 첫 제사를 드립니다.

40

아론의 취임식 속죄제

레위기 9 : 8-11

이에 아론이 제단에 나아가 자기를 위한 속죄제 송아지를 잡으매
아론의 아들들이 그 피를 아론에게 가져오니 아론이 손가락으로
그 피를 찍어 제단 뿔들에 바르고 그 피는 제단 밑에 쏟고 그 속죄
제물의 기름과 콩팥과 간 꺼풀을 제단 위에서 불사르니 여호와께
서 모세에게 명령하심과 같았고 그 고기와 가죽은 진영 밖에서 불
사르니라

기도 요점

여호와께서 모세에게 명령하신 대로 아론의 취임식 속죄제 과정
과 그 의미를 찬찬히 살펴보십시오.

도움의 말

모세가 아론에게 두 가지를 이른 바 있습니다. 하나는 너는 제단
에 나아가 네 속죄제와 네 번제를 드려서 너를 위하여, 또한 백성
을 위하여 속죄하라 이릅니다. 이는 아론이 이스라엘 백성들을 대

표하는 제사장으로서 하나님께 나아가는데 걸림이 되는 모든 장애요소들을 제거하는 제사입니다. 다른 하나는 또 백성의 예물을 드려서 그들을 위하여 속죄하되 여호와께서 모세에게 명령하신 대로 하라 이릅니다. 이에 아론이 제단에 나아가 자기를 위한 속죄제 송아지를 잡습니다. 아론이 이를 행할 때 그 아들들이 곁에서 그를 도왔습니다. 이 보조하는 업무는 후에 성막봉사를 위해 이스라엘 백성 중에서 선택된 레위인들이 담당하였습니다. 그렇기 때문에 레위지파는 특별한 기업이 없으므로 성막에서 나오는 것에 생계를 의존하였습니다. 그 속죄제 제물의 피를 아론의 아들들이 그에게 가져오니 아론이 손가락으로 그 피를 찍어 제단 뿔들에 바르고 그 피는 제단 밑에 쏟습니다. 여기서 제단 뿔들이란 성소와 성막문 사이의 뜰에 있는 번제단의 네 귀퉁이 뿔을 의미합니다. 또한 그 피를 제단 밑에 쏟는 것은 속죄제로 바쳐진 그 희생제물이 죄를 범한 그 사람의 속죄를 위하여 피를 모두 흘리는 것을 의미합니다. 그리고 아론이 그 속죄제물의 기름과 콩팥과 간 꺼풀을 제단 위에서 불사르니 여호와께서 모세에게 명령하심과 같았습니다. 이는 희생제물 전체를 여호와께 드림으로써 여호와께서 그 제사를 기뻐 받으시고 흡족해 하시는 제사가 되도록 정성껏 드린다는 의미입니다. 그리고 그 고기와 가죽은 진영 밖에서 불사릅니다. 여기서 진 밖은 희생과 저주의 장소로서 이는 신약에 그리스도께서 십자가 위에서 고난당하실 갈보리 언덕을 상징합니다.

_____

_____

_____

_____

_____

41

아론의 취임식 번제

레위기 9 : 12-14

아론이 또 번제물을 잡으매 그의 아들들이 그 피를 그에게로 가져
오니 그가 그 피를 제단 사방에 뿌리고 그들이 또 번제의 제물 곧
그의 각과 머리를 그에게로 가져오매 그가 제단 위에서 불사르고
또 내장과 정강이는 씻어서 단 위에 있는 번제물 위에서 불사르니
라

기도 요점

여호와께서 모세에게 이르신 아론의 취임식 번제과정과 그 의미
를 찬찬히 살펴보십시오.

도움의 말

아론이 또 번제물을 잡으니 아론의 아들들이 그 피를 아론에게로
가져옵니다. 이에 아론이 그 피를 제단 사방에 뿌립니다. 이같이
번제희생으로 잡은 동물의 피를 번제단 네 면 주위에 뿌리는데,
이는 단을 정결하게 하며, 또한 제물 드리는 사람의 죄악을 속하

는 의미가 있습니다. 또 아론의 아들들이 번제의 제물 곧 그의 고기를 다루기 쉽고 편하게 여러 조각으로 자른 것과 머리를 그에게로 가져오니 그가 제단 위에서 불사릅니다. 이같이 번제희생을 드릴 때 희생 제물로 드린 고기 전부 각을 떠서 번제단 위에서 불사르는데, 이는 몸 전체를 여호와께 온전히 드린다는 헌신을 의미합니다. 또 제사장 임직을 위하여 번제 희생으로 짐승을 바칠 때 그 희생제물의 내장과 정강이는 씻어서 번제단 위에 있는 번제물 위에서 불사릅니다. 이는 하나님께서 거룩하시므로 드리는 제물 또한 정결해야 됨을 뜻합니다.

42
제사장 임직 시 백성을 위한 제사

레위기 9 : 15-21

그가 또 백성의 예물을 드리되 곧 백성을 위한 속죄제의 염소를 가져다가 잡아 전과 같이 죄를 위하여 드리고 또 번제물을 드리되 규례대로 드리고 또 소제를 드리되 그 중에서 그의 손에 한 움큼을 채워서 아침 번제물에 더하여 제단 위에서 불사르고 또 백성을 위하는 화목제물의 수소와 숫양을 잡으매 아론의 아들들이 그 피를 그에게로 가져오니 그가 제단 사방에 뿌리고 그들이 또 수소와 숫양의 기름과 기름진 꼬리와 내장에 덮인 것과 콩팥과 간 꺼풀을 아론에게로 가져다가 그 기름을 가슴들 위에 놓으매 아론이 그 기름을 제단 위에서 불사르고 가슴들과 오른쪽 뒷다리를 그가 여호와 앞에 요제로 흔드니 모세가 명령한 것과 같았더라

기도 요점

제사장 임직 시 백성을 위한 제사에 관한 규례와 그 의미를 찬찬히 살펴보십시오.

도움의 말

아론이 또 백성의 예물을 드리되 곧 백성을 위한 속죄제의 염소를 가져다가 잡아 전과 같이 죄를 위하여 드립니다. 여기서 속죄제의 제물이 수송아지가 아니라 염소인데, 그 이유는 두 가지입니다. 하나는 이스라엘 백성이 범죄한 것을 속하는 제사가 아니라 그들의 정결을 위하여 드리는 제사이기 때문입니다. 다른 하나는 제사장임직의 제사이기 때문입니다. 속죄제의 제물, 염소를 잡아 레위기 9장 8-11절과 같이 제사를 드리는데, 즉 제사장임직을 위한 속죄제와 같이 그 제물을 드릴 때 그 피를 번제단의 뿔에 바르고 성소에는 그 피를 가지고 들어가지 않습니다. 또 아론이 번제물을 드리되 규례대로 드립니다. 제사장 임직 시 드리는 번제는 일반번제 드리는 것과 동일하며, 또한 번제 희생의 제사 절차나 방법이 제사장에서 이스라엘 백성까지 모두 동일합니다. 오직 제물은 제물 드리는 사람의 경제적 능력과 직무에 따라 다를 뿐입니다. 아론이 또 소제를 드리되 그 중에서 그의 손에 한 움큼을 채워서 아침 번제물에 더하여 제단 위에서 불사릅니다. 소제는 화목제나 번제와 함께 드려지는데, 그 제물은 이스라엘 백성이 준비한 기름 섞인 고운 가루입니다. 이같이 소제를 화목제나 번제와 함께 드리는 것은 곡식 제물을 피 있는 제물과 함께 여호와께 드리려 하기 때문입니다. 그렇기 때문에 아론이 소제물 중에서 한 움큼 채워

아침 번제물에 더하여 제단 위에서 불사른 것입니다. 이같이 아론이 백성을 위한 속죄 시 속죄제, 번제, 소제를 먼저 드리고 하나님과 언약 백성이 이스라엘 백성 사이의 화목과 친교를 뜻하는 화목제를 맨 나중에 드리는데, 그 이유는 그들이 먼저 회개할 때에만 하나님과 참된 화목의 관계를 유지할 수 있기 때문입니다. 그리하여 또 아론이 백성을 위하는 화목제물의 수소와 숫양을 잡습니다. 이에 아론의 아들들이 그 피를 그에게로 가져오니 그가 제단 사방에 뿌립니다. 그리고 그들이 또 수소와 숫양의 기름과 기름진 꼬리와 내장에 덮인 것과 콩팥과 간 꺼풀을 아론에게로 가져다가 그 기름을 가슴들 위에 놓으니 아론이 그 기름을 제단 위에서 불사릅니다. 여기서 가슴들이란 희생 제물로 바쳐진 짐승의 고기 중 여호와께 불태워 드리기 위해 번제 단 위에 놓은 수소와 수양의 가슴부분을 가리킵니다. 화목제 희생제물을 드릴 때 아론이 가슴부분은 여호와 앞에서 앞뒤로 흔들어 여호와께 요제로 드리고 오른쪽 뒷다리는 이를 높이 들었다가 내려 여호와께 거제로 드리니 이는 모세가 명령한 것과 같았습니다.

43

제사장 취임식에 임한 여호와의 영광

레위기 9 : 22-24

아론이 백성을 향하여 손을 들어 축복함으로 속죄제와 번제와 화
목제를 마치고 내려오니라 모세와 아론이 회막에 들어갔다가 나
와서 백성에게 축복하매 여호와의 영광이 온 백성에게 나타나며
불이 여호와 앞에서 나와 제단 위의 번제물과 기름을 사른지라 온
백성이 이를 보고 소리 지르며 엎드렸더라

기도 요점

아론이 백성을 향하여 손을 들어 축복함으로 속죄제와 번제와 화
목제를 마치고 내려오니라 모세와 아론이 회막에 들어갔다가 나
와서 백성에게 축복하니 여호와의 영광이 온 백성에게 나타나며
불이 여호와 앞에서 나와 제단 위의 번제물과 기름을 사른지라 온
백성이 이를 보고 소리 지르며 엎드렸더라는 말씀 하나하나를 찬
찬히 읽으면서 여호와의 영광이 나타나는 당시 상황을 상상해 보
십시오.

도움의 말

아론이 백성을 향하여 손을 들어 축복함으로 속죄제와 번제와 화목제를 마치고 내려옵니다. 이 같은 아론의 축복은 이스라엘 백성이 여호와께 드린 모든 제사가 기쁘게 열납되었으며 그들이 죄로부터 정결하게 되었음을 선포하는 것입니다. 아론이 손을 들어 백성을 향하여 축복한 후 성막 뜰 보다 좀 높은 경사진 언덕에 위치한 번제단에서 모든 제사의식을 마치고 내려옵니다. 그리고 모세와 아론이 회막에 들어갔다가 나와서 백성에게 축복합니다. 즉 여호와께서 명하신 대로 이스라엘을 인도할 뿐만 아니라 이스라엘의 입법자인 모세와 제사장 취임식을 바로 마친 아론이 여호와 앞에 나아갔다가 나와서 백성을 축복하는데, 여호와의 영광이 온 백성에게 나타납니다. 곧 여호와의 영광인 불이 여호와 앞에서 나와 제단 위의 번제물과 기름을 사릅니다. 이에 온 백성이 이를 보고 소리 지르며 엎드렸습니다.

44

나답과 아비후가 벌을 받아 죽다

레위기 10 : 1-7

아론의 아들 나답과 아비후가 각기 향로를 가져다가 여호와께서 명령하시지 아니하신 다른 불을 담아 여호와 앞에 분향하였더니 불이 여호와 앞에서 나와 그들을 삼키매 그들이 여호와 앞에서 죽은지라 모세가 아론에게 이르되 이는 여호와의 말씀이라 이르시기를 나는 나를 가까이 하는 자 중에서 내 거룩함을 나타내겠고 온 백성 앞에서 내 영광을 나타내리라 하셨느니라 아론이 잠잠하니 모세가 아론의 삼촌 웃시엘의 아들 미사엘과 엘사반을 불러 그들에게 이르되 나아와 너희 형제들을 성소 앞에서 진영 밖으로 메고 나가라 하매 그들이 나와 모세가 말한 대로 그들을 옷 입은 채 진영 밖으로 메어 내니 모세가 아론과 그의 아들 엘르아살과 이다말에게 이르되 너희는 머리를 풀거나 옷을 찢지 말라 그리하여 너희가 죽음을 면하고 여호와의 진노가 온 회중에게 미침을 면하게 하라 오직 너희 형제 이스라엘 온 족속은 여호와께서 치신 불로 말미암아 슬퍼할 것이니라 여호와의 관유가 너희에게 있은즉 너희는 회막 문에 나가지 말라 그리하면 죽음을 면하리라 그들이 모세의 말대로 하니라

기도 요점

아론의 아들 첫째 나답과 둘째 아비후가 벌을 받아 죽게 된 까닭은? 아론의 첫째와 둘째 아들이 그들의 죄로 죽임을 당한 후 바로 모세가 아론에게 이른 여호와의 말씀 두 가지는? 모세로부터 이 두 가지 여호와의 말씀을 들은 아론이 잠잠하니 모세가 아론의 삼촌 웃시엘의 아들 미사엘과 엘사반을 불러 그들에게 이른 말은? 이후 이어 모세가 아론과 그의 아들 셋째 엘르아살과 넷째 이다말에게 이른 말은?

도움의 말

아론의 아들 첫째 나답과 둘째 아비후가 각기 향로를 가져다가 여호와께서 명령하시지 아니하신 다른 불을 담아 여호와 앞에 분향하였습니다. 여기서 향로는 성소 안에 있는 분향단에 아침과 저녁마다 새로이 향을 사를 때 시용되는 불씨를 번제단에서 향단까지 옮기는데 쓰이던 금제 그릇입니다. 그런데 그들은 분향할 불로는 오직 번제단의 불만을 사용해야 되는 것을 알면서도 다른 불을 사용함으로써 여호와의 규례를 멸시하게 됩니다, 이는 하나님께 대한 불손종의 죄입니다. 이 같은 그들의 불순종으로 인하여 불이 여호와 앞에서 나와 그들을 삼키어 그들이 여호와 앞에서 죽게 됩니다. 이에 모세가 아론에게 이르되 이는 여호와의 말씀이라 이르면서 두 가지 여호와의 말씀을 합니다. 하나는 나는 나를 가까이 하는 자 중에서 내 거룩함을 나타내신다는 말씀입니다. 이러한 자는 아론과 그 자손들 곧 제사장으로 기름 부음을 받은 자들로서 이들은 여호와께 가까이 나아갈 수 있는 사람들로 세움을 입은 이들입니다. 다른 하나는 온 백성 앞에서 내 영광을 나타내리라는 말씀입니다. 이 말씀을 들은 아론이 잠잠하니 모세가 아론의 삼촌 웃시엘의 아들 미사엘과 엘사반을 불러 그들에게 이르되 나아와 너희 형제들을 성소 앞에서 진영 밖으로 메고 나가라 합니다. 이에 그들이 나와 모세가 말한 대로 그들을 옷 입은 채 진영 밖으로 메어 냅니다. 이어 모세가 아론과 그의 아들 셋째 엘르아살과 넷째 이다말에게 두 가지를 이릅니다. 하나는 너희는 머리를 풀거나 옷을 찢지 말라 이릅니다. 그리하여 너희가 죽음을 면하고 여호와의 진노가 온 회중에게 미침을 면하게 하라 이릅니다. 그러나 너희 형제 이스라엘 온 족속은 오직 여호와께서 치신 불로 말미암아 슬퍼할 것이리 이릅니다. 다른 하나는 여호와의 관유가 너희에게 있은즉 너희는 회막 문에 나가지 말라 이릅니다. 그리하면 죽음을 면하리라 이르자 그들이 모세의 말대로 합니다.

45

제사장이 회막에 들어갈 때의 규례

레위기 10 : 8-11

여호와께서 아론에게 말씀하여 이르시되 너와 네 자손들이 회막
에 들어갈 때에는 포도주나 독주를 마시지 말라 그리하여 너희 죽
음을 면하라 이는 너희 대대로 지킬 영영한 규례라 그리하여야 너
희가 거룩하고 속된 것을 분별하며 부정하고 정한 것을 분별하고
또 나 여호와가 모세를 통하여 모든 규례를 이스라엘 자손에게 가
르치리라

기도 요점

제사장이 회막에 들어갈 때의 규례는? 이 규례는 제사장들이 영
영히 지킬 규례인데, 그리하여야 그들에게 임하는 것은? 이와 함
께 또 나 여호와가 모세를 통하여 모든 규례를 이스라엘 자손에게
가르치리라 이르시는데, 이 말씀이 의미하는 바는?

도움의 말

여호와께서 아론에게 말씀하여 이르시되 너와 네 자손들, 곧 제사

장이 회막에 들어갈 때의 규례를 말씀하십니다. 이 규례에 관한 여호와의 말씀은 제사장은 회막에 들어갈 때, 즉 제사장이 제사의식을 집행하려고 성막에 들어갈 때 포도주나 독주를 마시지 말라 이르십니다. 여호와께서 제사장들에게 그리하여 너희 죽음을 면하라 하시면서 이는 또한 너희 대대로 지킬 영영한 규례라 이르십니다. 제사장들이 이 영원한 규례를 지키면 그들이 거룩하고 속된 것을 분별하게 되며 부정하고 정한 것을 분별하게 됩니다. 그리고 또 나 여호와가 모세를 통하여 모든 규례를 이스라엘 자손에게 가르치신다 하시는데, 이는 제사장들은 제사 의식을 집행하는 일 뿐만 아니라 백성에게 하나님의 법도와 규례를 가르쳐야 할 의무가 있다는 말씀입니다.

46

제사장의 화목제 응식

레위기 10 : 12-15

모세가 아론과 그 남은 아들 엘르아살에게와 이다말에게 이르되
여호와께 드린 화제물 중 소제의 남은 것은 지극히 거룩하니 너희
는 그것을 취하여 누룩을 넣지 말고 제단 곁에서 먹되 이는 여호
와의 화제물 중 네 소득과 네 아들들의 소득인즉 너희는 그것을
거룩한 곳에서 먹으라 내가 명령을 받았느니라 흔든 가슴과 들어
올린 뒷다리는 너와 네 자녀가 너와 함께 정결한 곳에서 먹을지니
이는 이스라엘 자손의 화목제물 중에서 네 소득과 네 아들들의 소
득으로 주신 것임이니라 그 들어올린 뒷다리와 흔든 가슴을 화제
물의 기름과 함께 가져다가 여호와 앞에 흔들어 요제를 삼을지니
이는 여호와의 명령대로 너와 네 자손의 영원한 소득이니라

기도 요점

모세가 아론과 그 남은 아들 엘르아살에게와 이다말에게 이르되
여호와께 드린 화제물 중 소제의 남은 것은 지극히 거룩하니 너희
는 그것을 취하여 누룩을 넣지 말고 제단 곁에서 먹되 이는 여호

와의 화제물 중 네 소득과 네 아들들의 소득인즉 너희는 그것을
거룩한 곳에서 먹으라 내가 명령을 받았다 이르는데, 이에 관한
말씀을 찬찬히 살펴보십시오.

도움의 말

모세가 아론과 그 남은 아들 엘르아살에게와 이다말에게 이르되
여호와께 드린 화제물 중 그들이 먹을 수 있는 음식을 이릅니다.
여기서 화제물이란 희생제물을 제단에서 불로 태워 여호와께 드
리는 제사를 총칭한 것입니다. 여기서 모세가 그들에게 화제물 중
소제의 남은 것은 지극히 거룩하니 너희는 그것을 취하여 누룩을
넣지 말고 제단 곁에서 먹으라고 이르는데, 이는 여호와께서 제
사장의 생계를 위하여 희생 제물로 바쳐진 제물 중 일부를 그들의
몫으로 돌려 양식으로 삼도록 지정해 주신 것이다. 이것이 바로
제사장의 화목제 응식입니다. 이와 같이하여 아론과 그 아들들이
제사장의 직무를 처음으로 수행하던 날 여호와께 드리기 위하여
준비한 번제 제물을 불에 태워 여호와께 드릴 때 소제로 바쳐진
기름 섞인 고운 밀가루 일부를 번제물과 함께 태워 드리고, 그 남
은 부분이 제사장의 몫입니다. 그래서 모세가 이는 여호와의 화제
물 중 네 소득과 네 아들들의 소득인즉 너희는 그것을 거룩한 곳,
회막 뜰에서 먹으라 이릅니다. 모세가 그들에게 내가 여호와께 명

령을 받았다 이르면서 흔든 가슴과 들어 올린 뒷다리는 너와 네 자녀가 너와 함께 정결한 곳에서 먹으라 이릅니다. 이는 이스라엘 자손의 화목제물 중에서 네 소득과 네 아들들의 소득으로 주신 것이라 이릅니다. 그 들어 올린 뒷다리와 흔든 가슴을 화제물의 기름과 함께 가져다가 여호와 앞에 흔들어 요제를 삼을지니 이는 여호와의 명령대로 너와 네 자손의 영원한 소득이라 말합니다.

47

제사장의 속죄제 응식

레위기 10 : 16-20

모세가 속죄제 드린 염소를 찾은즉 이미 불살랐는지라 그가 아론
의 남은 아들 엘르아살과 이다말에게 노하여 이르되 이 속죄제물
은 지극히 거룩하거늘 너희가 어찌하여 거룩한 곳에서 먹지 아니
하였느냐 이는 너희로 회중의 죄를 담당하여 그들을 위하여 여호
와 앞에 속죄하게 하려고 너희에게 주신 것이니라 그 피는 성소에
들여오지 아니하는 것이었으니 그 제물은 너희가 내가 명령한 대
로 거룩한 곳에서 먹었어야 했을 것이니라 아론이 모세에게 이르
되 오늘 그들이 그 속죄제와 번제를 여호와께 드렸어도 이런 일이
내게 임하였거늘 오늘 내가 속죄제물을 먹었더라면 여호와께서
어찌 좋게 여기셨으리요 모세가 그 말을 듣고 좋게 여겼더라

기도 요점

모세가 속죄제 드린 염소를 찾은즉 이미 불살랐는지라 그가 아론
의 남은 아들 엘르아살과 이다말에게 노하여 이르되 이 속죄제물
은 지극히 거룩하거늘 너희가 어찌하여 거룩한 곳에서 먹지 아니

하였느냐 이는 너희로 회중의 죄를 담당하여 그들을 위하여 여호와 앞에 속죄하게 하려고 너희에게 주신 것이라는 말씀을 읽고, 또한 이 이후의 말씀도 함께 읽으면서 모세가 그들에게 이른 그들의 속죄제 응식에 관한 규례를 찬찬히 설펴보십시오.

도움의 말

모세가 속죄제 드린 염소를 찾은즉 이미 불살랐습니다. 여기서 모세가 찾고 있는 것은 아론과 그 아들들이 제사장으로 첫 직무에 임하는 날 이스라엘 회중 전체를 정결하게 하려 드린 속죄제물은 그 희생 제물의 피를 성소에 가지고 들어가지 않았기에 이 속죄제의 고기를 거룩한 곳에서 그들이 먹을 수 있었습니다. 그렇기에 모세가 바로 그 속죄제의 고기를 찾았던 것입니다. 이 고기는 아론과 그 아들들의 몫으로서 그들의 양식이므로 모세가 이를 찾은 것입니다. 그런데 그 제물이 이미 불살라졌으므로 모세가 아론의 남은 아들 엘르아살과 이다말에게 노하여 이르되 이 속죄제물은 지극히 거룩하거늘 너희가 어찌하여 거룩한 곳에서 먹지 아니하였느냐 꾸짖습니다. 또한 이어 모세가 그들에게 이는 너희로 회중의 죄를 담당하여 그들을 위하여 여호와 앞에 속죄하게 하려고 너희에게 주신 것이라 말합니다. 그러므로 그 피는 성소에 들여오지 아니하였으니 그 제물은 너희가 내가 명령한 대로 거룩한 곳, 즉 회막뜰에서 먹었어야 했을 것이라고 모세가 말합니다. 이에 아론이 모세에게 이르되 오늘 그들이 그 속죄제와 번제를 여호와께 드렸어도 이런 일이 내게 임하였거늘 오늘 내가 속죄제물을 먹었더라면 여호와께서 어찌 좋게 여기셨겠느냐고 이릅니다. 아론의 이같은 말을 들은 모세가 이를 좋게 여겼는데, 이는 아론의 첫째와 둘째 아들이 제사규례를 어겨 하나님의 심판으로 인하여 죽었던 상태에서 성물을 먹을 수 없었다는 아론의 겸손한 말을 듣고 모세가 좋게 여겼다는 말씀입니다.

48

육지의 정한 짐승과 부정한 짐승

레위기 11 : 1-8

여호와께서 모세와 아론에게 말씀하여 이르시되 이스라엘 자손에게 말하여 이르라 육지의 모든 짐승 중 너희가 먹을 만한 생물은 이러하니 모든 짐승 중 굽이 갈라져 쪽발이 되고 새김질하는 것은 너희가 먹되 새김질하는 것이나 굽이 갈라진 짐승 중에도 너희가 먹지 못할 것은 이러하니 낙타는 새김질은 하되 굽이 갈라지지 아니하였으므로 너희에게 부정하고 사반도 새김질은 하되 굽이 갈라지지 아니하였으므로 너희에게 부정하고 토끼도 새김질은 하되 굽이 갈라지지 아니하였으므로 너희에게 부정하고 돼지는 굽이 갈라져 쪽발이로되 새김질을 못하므로 너희에게 부정하니 너희는 이러한 고기를 먹지 말고 그 주검도 만지지 말라 이것들은 너희에게 부정하니라

기도 요점

여호와께서 모세와 아론을 통하여 육지의 모든 짐승 중 이스라엘 백성이 먹을 만한 것과 먹지 못하는 것에 관한 규례를 이르시는

데, 그 규례는?

도움의 말

여호와께서 모세와 아론에게 말씀하여 이르시되 이스라엘 자손에게 말하여 이르라 하십니다. 그들에게 이를 여호와의 말씀은 육지의 모든 짐승 중 그들이 먹을 만한 생물에 관한 규례입니다. 육지의 먹을 만한 정한 짐승은 모든 짐승 중 굽이 갈라져 쪽발이 되고 새김질하는 것입니다. 이 두 조건 모두를 갖춘 짐승은 소, 양, 염소, 사슴, 노루 등입니다(신명기 14 : 4, 5). 그러나 새김질하는 것이나 굽이 갈라진 짐승 중에도 먹지 못할 것은 낙타인데, 이는 새김질은 하되 굽이 갈라지지 아니하였으므로 부정합니다. 또한 사반도 새김질은 하되 굽이 갈라지지 아니하였으므로 부정하고, 토끼도 새김질은 하되 굽이 갈라지지 아니하였으므로 부정하고, 돼지는 굽이 갈라져 쪽발이로되 새김질을 못하므로 부정합니다. 이에 여호와께서 모세와 아론을 통하여 그들에게 너희는 이러한 고기를 먹지 말고 그 주검도 만지지 말라 이르시면서 이것들은 너희에게 부정하다 말씀하십니다. 여기서 부정하다는 것은 거룩한 것을 더럽히다 혹은 모독하다는 뜻으로서 이는 단순히 깨끗하지 않다는 의미보다는 이로 인해 깨끗한 율법관계가 더럽혀진다는 의미가 강한 말이라고 합니다. 당시 정결법상 부정하다고 먹지 못하게 한 짐승은 실제로 건강상으로나 위생상으로도 좋지 않다는 것이 오늘날 학계의 일반적 견해라고 합니다.

49
물고기의 정 및 부정의 규례

레위기 11 : 9-12 (2월 20일)

물에 있는 모든 것 중에서 너희가 먹을 만한 것은 이것이니 강과 바다와 다른 물에 있는 모든 것 중에서 지느러미와 비늘 있는 것은 너희가 먹되 물에서 움직이는 모든 것과 물에서 사는 모든 것 곧 강과 바다에 있는 것으로서 지느러미와 비늘 없는 모든 것은 너희에게 가증한 것이라 이들은 너희에게 가증한 것이니 너희는 그 고기를 먹지 말고 그 주검을 가증히 여기라 수중 생물에 지느러미와 비늘 없는 것은 너희가 혐오할 것이니라

기도 요점

여호와께서 모세와 아론을 통하여 이스라엘 자손에게 이르신 물고기의 정 및 부정의 규례는?

도움의 말

여호와께서 모세와 아론을 통하여 이스라엘 자손에게 물에 있는 모든 것 중에서 너희가 먹을 만한 것은 강과 바다와 다른 물에 있

는 모든 것 중에서 지느러미와 비늘 있는 것이라 이르십니다. 그런즉 물고기의 정의 규례는 지느러미와 비늘이 있는 것입니다. 물에서 움직이는 모든 것과 물에서 사는 모든 것 곧 강과 바다에 있는 것으로서 지느러미와 비늘 없는 모든 것은 너희에게 가증한 것이라 이르시는데, 이들은 물고기의 부정의 규례입니다. 여호와께서 그들에게 이르시기를 이는 너희에게 가증한 것이니 너희는 그 고기를 먹지 말고 그 주검을 가증히 여기라 명하십니다. 그 실례로는 뱀장어류, 조개 등의 갑각류, 가재류등 입니다. 여호와께서 그들에게 수중 생물에 지느러미와 비늘 없는 것은 너희가 혐오할 것이라 명하십니다.

50
새의 정·부정의 규례

레위기 11 : 13-25

새 중에 너희가 가증히 여길 것은 이것이라 이것들이 가증한즉 먹지 말지니 곧 독수리와 솔개와 물수리와 말똥가리와 말똥가리 종류와 까마귀 종류와 타조와 타흐마스와 갈매기와 새매 종류와 올빼미와 가마우지와 부엉이와 흰 올빼미와 사다새와 너새와 황새와 백로 종류와 오디새와 박쥐니라 날개가 있고 네 발로 기어 다니는 곤충은 너희가 혐오할 것이로되 다만 날개가 있고 네 발로 기어 다니는 모든 곤충 중에 그 발에 뛰는 다리가 있어서 땅에서 뛰는 것은 너희가 먹을지니 곧 그 중에 메뚜기 종류와 베짱이 종류와 귀뚜라미 종류와 팥중이 종류는 너희가 먹으려니와 오직 날개가 있고 기어다니는 곤충은 다 너희가 혐오할 것이니라 이런 것은 너희를 부정하게 하나니 누구든지 이것들의 주검을 만지면 저녁까지 부정할 것이며 그 주검을 옮기는 모든 자는 그 옷을 빨지니 저녁까지 부정하리라

기도 요점

여호와께서 모세와 아론을 통하여 이스라엘 자손에게 이르신 새의 정·부정의 규례를 찬찬히 살펴보십시오.

도움의 말

여호와께서 모세와 아론을 통하여 이스라엘 자손에게 새의 정 및 부정의 규례를 이르십니다. 여호와께서 그들에게 새 중에 너희가 가증히 여길 것, 곧 새의 부정의 규례는 이것이라 이르십니다. 이것들이 가증한즉 먹지 말라 하십니다. 이는 곧 다섯 종류인데, 첫째는 독수리와 솔개와 물수리와 말똥가리와 말똥가리 종류입니다. 둘째는 까마귀 종류와 타조와 타흐마스와 갈매기와 새매 종류입니다. 셋째는 올빼미와 가마우지와 부엉이와 흰 올빼미와 사다새와 너새와 황새와 백로 종류입니다. 다섯째는 오디새와 박쥐입니다. 이같이 날개가 있고 네 발로 기어 다니는 곤충은 그들이 혐오해야 할 것입니다. 그들이 먹을 수 있는 것, 곧 새의 정 규례는 다만 날개가 있고 네 발로 기어 다니는 모든 곤충 중에 그 발에 뛰는 다리가 있어서 땅에서 뛰는 것입니다. 이는 곧 메뚜기 종류와 베짱이 종류와 귀뚜라미 종류와 팥중이 종류입니다. 그러나 오직 날개가 있고 기어다니는 곤충은 다 너희가 혐오할 것이라 이르시면서 여호와께서 그들에게 이런 것은 너희를 부정하게 하나니 누구든지 이것들의 주검을 만지면 저녁까지 부정할 것이라 하십니다. 그리고 그 주검을 옮기는 모든 자는 그 옷을 빨지니 저녁까지 부정하리라 이르시는데, 이는 정결하게 되기 위한 최소의 기간은 부정하게 된 그 날의 저녁 때 까지며, 심한 부정을 저질렀을 때는 더 오랜 기간이 지나야 정결하게 될 수 있었습니다(레위기 15장 13절).

51
부정한 동물의 주검

레위기 11 : 26-28

굽이 갈라진 모든 짐승 중에 쪽발이 아닌 것이나 새김질 아니하는 것의 주검은 다 네게 부정하니 만지는 자는 부정할 것이요 네 발로 다니는 모든 짐승 중 발바닥으로 다니는 것은 다 네게 부정하니 그 주검을 만지는 자는 저녁까지 부정할 것이며 그 주검을 옮기는 자는 그 옷을 빨지니 저녁까지 부정하리라 그것들이 네게 부정하니라

기도 요점

여호와께서 모세와 아론을 통하여 이스라엘 자손에게 이르신 부정한 동물의 주검을 찬찬히 살펴보십시오.

도움의 말

여호와께서 모세와 아론을 통하여 이스라엘 자손에게 부정한 동물의 주검에 관한 규례를 이르십니다. 이는 굽이 갈라진 모든 짐승 중에 쪽발이 아닌 것이나 새김질 아니하는 것의 주검은 다 네

게 부정하니 만지지 말라 이르십니다. 이를 만지는 자는 부정할 것이라 말씀하십니다. 이로 보아 정결한 짐승은 굽이 갈라져 있으며, 새김질 하는 짐승입니다. 이 두 가지 중 하나라도 부족하면 부정한 짐승이 되는데, 특히 부정한 짐승의 시체는 접촉하는 것까지 금지되었습니다. 그러나 불가피하게 그 시체에 접촉하게 되면 그 날 저녁까지 부정하여 옷을 물에 정결하게 해야 되었습니다. 또한 네 발로 다니는 모든 짐승 중 발바닥으로 다니는 것은 다 네게 부정하니 그 주검을 만지지 말라 이르십니다. 이는 개, 고양이, 곰, 호랑이, 사자, 늑대 등입니다. 그 주검을 만지는 자는 저녁까지 부정할 것입니다. 그러나 그 주검을 옮기는 자는 그 옷을 빨지니 저녁까지 부정하리라 하시면서 여호와께서 그들에게 그것들이 네게 부정하다 말씀하십니다.

52
기는 길짐승 중에 부정한 것

레위기 11 : 29-38

땅에 기는 길짐승 중에 네게 부정한 것은 이러하니 곧 두더지와 쥐와 큰 도마뱀 종류와 도마뱀붙이와 육지 악어와 도마뱀과 사막 도마뱀과 카멜레온이라 모든 기는 것 중 이것들은 네게 부정하니 그 주검을 만지는 모든 자는 저녁까지 부정할 것이며 이런 것 중 어떤 것의 주검이 나무 그릇에든지 의복에든지 가죽에든지 자루에든지 무엇에 쓰는 그릇에든지 떨어지면 부정하여지리니 물에 담그라 저녁까지 부정하다가 정할 것이며 그것 중 어떤 것이 어느 질그릇에 떨어지면 그 속에 있는 것이 다 부정하여지나니 너는 그 그릇을 깨뜨리라 먹을 만한 축축한 식물이 거기 담겼으면 부정하여질 것이요 그같은 그릇에 담긴 마실 것도 부정할 것이며 이런 것의 주검이 물건 위에 떨어지면 그것이 모두 부정하여지리니 화덕이든지 화로이든지 깨뜨려버리라 이것이 부정하여져서 너희에게 부정한 것이 되리라 샘물이나 물이 고인 웅덩이는 부정하여지지 아니하되 그 주검에 닿는 것은 모두 부정하여질 것이요 이것들의 주검이 심을 종자에 떨어지면 그것이 정하거니와 만일 종자에

물이 묻었을 때에 그것이 그 위에 떨어지면 너희에게 부정하리라

기도 요점

여호와께서 모세와 아론을 통하여 이스라엘 자손에게 기는 길짐승 중에 부정한 것과 이런 것의 주검과 관련된 규례를 이르시는데, 이를 찬찬히 살펴보십시오.

도움의 말

여호와께서 모세와 아론을 통하여 이스라엘 자손에게 땅에 기는 길짐승 중에 네게 부정한 것은 이러하다 이르십니다. 이는 곧 두더지와 쥐와 큰 도마뱀 종류와 도마뱀붙이와 육지 악어와 도마뱀과 사막 도마뱀과 카멜레온입니다. 여호와께서 그들에게 모든 기는 것 중 이것들은 네게 부정하니 그 주검을 만지는 모든 자는 저녁까지 부정할 것이라 이르십니다. 또한 이런 것 중 어떤 것의 주검과 관련된 규례 네 가지를 이르십니다. 첫째, 이런 것 중 어떤 것의 주검이 나무 그릇에든지 의복에든지 가죽에든지 자루에든지 무엇에 쓰는 그릇에든지 떨어지면 부정하여 물에 담그라 이르십니다. 그리하면 저녁까지 부정하다가 정할 것입니다. 둘째, 그것 중 어떤 것이 어느 질그릇에 떨어지면 그 속에 있는 것이 다 부정하여지니 너는 그 그릇을 깨뜨리라 이르십니다. 만일 그 그릇에

먹을 만한 축축한 식물이 거기 담겼으면 부정하여질 것이요, 또한 그 같은 그릇에 담긴 마실 것도 부정할 것입니다. 셋째, 이런 것의 주검이 물건 위에 떨어지면 그것이 모두 부정하여지리니 화덕이든지 화로이든지 깨뜨려버리라 이것이 부정하여져서 너희에게 부정한 것이 되리라 이르십니다. 그러나 이런 것의 주검이 샘물이나 물이 고인 웅덩이는 부정하여지지 아니합니다. 그러나 그 주검에 닿는 것은 모두 부정하여질 것인데, 이것들의 주검이 심을 종자에 떨어지면 그것이 정합니다. 그러나 만일 종자에 물이 묻었을 때에 부정한 동물의 시체가 그 위에 떨어지면 이는 너희에게 부정하다 이르십니다. 그 이유는 그 부정한 시체로 인하여 부정하게 된 물이 그 씨앗 속으로 침투되기 때문입니다.

53

먹을 만한 짐승이 죽은 때에 관한 규례

레위기 11 : 39-40

너희가 먹을 만한 짐승이 죽은 때에 그 주검을 만지는 자는 저녁까지 부정할 것이며 그것을 먹는 자는 그 옷을 빨 것이요 저녁까지 부정할 것이며 그 주검을 옮기는 자도 그의 옷을 빨 것이요 저녁까지 부정하리라

기도 요점

여호와께서 모세와 아론을 통하여 이스라엘 자손에게 이르시는 먹을 만한 짐승이 죽은 때에 관한 규례를 찬찬히 살펴보십시오.

도움의 말

여호와께서 모세와 아론을 통하여 이스라엘 자손에게 먹을 만한 짐승이 죽은 때에 관한 규례 세 가지를 이르십니다. 이는 정결하므로 먹을 수 있는 짐승이 자연사하였을 때의 규례인데, 첫째는 너희가 먹을 만한 짐승이 죽은 때에 그 주검을 만지는 자는 저녁까지 부정할 것이라 이르십니다. 둘째는 그것을 먹는 자는 그 옷

을 빨 것이요 저녁까지 부정할 것이라 이르십니다. 셋째는 그 주검을 옮기는 자도 그의 옷을 빨 것이요 저녁까지 부정하리라 이르십니다.

_____

_____

_____

_____

_____

54

내가 거룩하니 너희도 거룩할 지어다

레위기 11 : 41-47

땅에 기어 다니는 모든 길짐승은 가증한즉 먹지 못할지니 곧 땅에 기어다니는 모든 기는 것 중에 배로 밀어 다니는 것이나 네 발로 걷는 것이나 여러 발을 가진 것이라 너희가 먹지 말지니 이것들은 가증함이니라 너희는 기는 바 기어다니는 것 때문에 자기를 가증하게 되게 하지 말며 또한 그것 때문에 스스로 더럽혀 부정하게 되게 하지 말라 나는 여호와 너희의 하나님이라 내가 거룩하니 너희도 몸을 구별하여 거룩하게 하고 땅에 기는 길짐승으로 말미암아 스스로 더럽히지 말라 나는 너희의 하나님이 되려고 너희를 애굽 땅에서 인도하여 낸 여호와라 내가 거룩하니 너희도 거룩할 지어다 이는 짐승과 새와 물에서 움직이는 모든 생물과 땅에 기는 모든 길짐승에 대한 규례니 부정하고 정한 것과 먹을 생물과 먹지 못할 생물을 분별한 것이니라

기도 요점

여호와께서 모세와 아론을 통하여 이스라엘 자손에게 너희는 기

는 바 기어다니는 것 때문에 자기를 가증하게 되게 하지 말며 또한 그것 때문에 스스로 더럽혀 부정하게 되게 하지 말라 나는 여호와 너희의 하나님이라 내가 거룩하니 너희도 몸을 구별하여 거룩하게 하고 땅에 기는 길짐승으로 말미암아 스스로 더럽히지 말라 나는 너희의 하나님이 되려고 너희를 애굽 땅에서 인도하여 낸 여호와라 내가 거룩하니 너희도 거룩할 지어다 이르시는데, 이 말씀을 묵상하십시오.

도움의 말

여호와께서 모세와 아론을 통하여 이스라엘 자손에게 땅에 기어다니는 모든 길짐승은 가증한즉 먹지 못할 것이라 이르십니다. 이는 곧 두 가지 종류인데, 하나는 땅에 기어 다니는 모든 기는 것 중에 배로 밀어 다니는 것입니다. 이는 뱀 종류와 지렁이 등을 가리킵니다. 다른 하나는 네 발로 걷는 것이나 여러 발을 가진 것입니다. 이는 지네, 전갈, 거미 등을 가리킵니다. 이것들은 가증함으로 너희가 먹지 말라 하십니다. 이어 여호와께서 이스라엘 자손에게 너희는 기는 바 기어 다니는 것 때문에 자기를 가증하게 되게 하지 말며 또한 그것 때문에 스스로 더럽혀 부정하게 되게 하지 말라 하십니다. 여호와께서는 그들에게 나는 여호와 너희의 하나님이라 내가 거룩하니 너희도 몸을 구별하여 거룩하게 하고 땅에

기는 길짐승으로 말미암아 스스로 더럽히지 말라 하십니다. 나는
너희의 하나님이 되려고 너희를 애굽 땅에서 인도하여 낸 여호와
라 내가 거룩하니 너희도 거룩하라 명하십니다. 이는 짐승과 새와
물에서 움직이는 모든 생물과 땅에 기는 모든 길짐승에 대한 규례
니 부정하고 정한 것과 먹을 생물과 먹지 못할 생물을 분별한 것
이니라 말씀하십니다.

_____

_____

_____

_____

55

아이를 낳은 여인의 정결 규례

레위기 12 : 1-5

여호와께서 모세에게 말씀하여 이르시되 이스라엘 자손에게 말하여 이르라 여인이 임신하여 남자를 낳으면 그는 이레 동안 부정하리니 곧 월경할 때와 같이 부정할 것이며 여덟째 날에는 그 아이의 포피를 벨 것이요 그 여인은 아직도 삼십삼 일을 지내야 산혈이 깨끗하리니 정결하게 되는 기한이 차기 전에는 성물을 만지지도 말며 성소에 들어가지도 말 것이며 여자를 낳으면 그는 두 이레 동안 부정하리니 월경할 때와 같을 것이며 산혈이 깨끗하게 됨은 육십육 일을 지내야 하리라

기도 요점

여호와께서 모세에게 말씀하여 이르시되 이스라엘 자손에게 아이를 낳은 여인의 정결 규례를 말하여 이르라 하시는데, 그 규례를 찬찬히 살펴보십시오.

도움의 말

여호와께서 모세에게 말씀하여 이르시되 이스라엘 자손에게 아이를 낳은 여인에 대한 정결규례를 말하여 이르라 하십니다. 곧 이는 여인이 임신하여 남자를 낳으면 그는 이레 동안 부정하리니 곧 월경할 때와 같이 부정할 것입니다. 초기 칠일 동안은 다른 사람과 접촉할 수 없는 부정기간입니다. 여덟째 날에는 그 아이의 포피를 벨 것이며 그 여인은 아직도 삼십삼 일을 지내야 산혈이 깨끗해집니다. 7일 후 33일 동안의 정결하게 되는 기간이 차기 전에 남자를 낳은 여인은 성물을 만지지도 말며 성소에 들어가지도 말라 하십니다. 그러나 여인이 여자를 낳으면 그는 두 이레, 즉 14일 동안 부정하리니 월경할 때와 같습니다. 이는 남아를 낳을 때보다 두 배의 기간이 더 부정한데, 이 동안에는 사람들과의 접촉이 안 되는 부정기간입니다. 그리고 산혈이 깨끗하게 됨은 육십육 일을 지내야 되므로 이 기간 동안 산모는 성물을 만지지 못하며 성소에 들어가지도 못합니다.

56

산모의 정결 예물에 관한 규례

레위기 12 : 6-8

아들이나 딸이나 정결하게 되는 기한이 차면 그 여인은 번제를 위하여 일 년 된 어린 양을 가져가고 속죄제를 위하여 집비둘기 새끼나 산비둘기를 회막 문 제사장에게로 가져갈 것이요 제사장은 그것을 여호와 앞에 드려서 그 여인을 위하여 속죄할지니 그리하면 산혈이 깨끗하리라 이는 아들이나 딸을 생산한 여인에게 대한 규례니라 그 여인이 어린 양을 바치기에 힘이 미치지 못하면 산비둘기 두 마리나 집비둘기 새끼 두 마리를 가져다가 하나는 번제물로, 하나는 속죄제물로 삼을 것이요 제사장은 그를 위하여 속죄할지니 그가 정결하리라

기도 요점

여호와께서 모세에게 말씀하여 이르시되 이스라엘 자손에게 산모의 정결예물에 관한 규례를 말하여 이르라 하셨는데, 그 규례를 찬찬히 살펴보십시오.

도움의 말

여호와께서 모세에게 말씀하여 이르시되 이스라엘 자손에게 출산한 아들이나 딸이나 정결하게 되는 기한이 차면 그 여인은 번제와 속죄제를 드리라고 말하여 이르라 하십니다. 번제를 위하여 일 년된 어린 양을 가져가고, 그리고 속죄제를 위하여 집비둘기 새끼나 산비둘기를 회막 문 제사장에게로 가져가라 명하십니다. 그러면 제사장은 그것을 여호와 앞에 드려서 그 여인을 위하여 속죄할지니 그리하면 산혈이 깨끗하리라 말씀하십니다. 이는 아들이나 딸을 생산한 여인에게 대한 규례입니다. 그 여인이 어린 양을 바치기에 힘이 미치지 못하면 산비둘기 두 마리나 집비둘기 새끼 두 마리를 가져다가 하나는 번제물로, 하나는 속죄 제물로 삼을 것이요 제사장은 그를 위하여 속죄할지니 그가 정결하리라 말씀하십니다.

집필자 소개

임 창 복 / 이화여자대학교 사범대학교 과학교육과(B.S.)

장로회신학대학교 신학대학원(M.Div.)

미국 Princeton Theological Seminary(Th.M.)

미국 University of Pittsburgh(Ph. D.)

(사)한국기독교교육교역연구원 원장

장로회신학대학교 명예교수, 기독교교육학

레위기와 함께하는

묵상노트

초판인쇄 2023년 12월 17일

초판발행 2023년 12월 17일

지 은 이 임 창 복

엮 은 이 한국기독교교육교역연구원

펴 낸 곳 사) 한국기독교교육교역연구원

주　　소 12 경기 가평군 호반로 1373

전　　화 (031) 567-5325, 584-8753 팩스 (031) 584-8753

총 판 처 (주)기독교출판유통

등　　록 No.17-427(2005.4.7.)

ISBN 978-89-93377-63-7

값 11,000원